イギリス祭り紀行

居駒永幸

アボッツ・ブロムリーの鹿の角踊り

イクウェルの五月柱模様

ウェールズ芸術祭の宝冠詩人

キングスベリー・グリーン小学校と収穫祭

ウェールズの小村を歩く新年の葦毛うま

1年間、イギリスのほぼ全土を走った愛車

ダラムで出会った幼いモリスダンサー

アボッツベリーの花環祭り

アンブルサイドいぐさ祭りの行列

ワートンのかがり火祭り

はじめに

一九九四年四月、私たち家族にとってイギリスで暮らすという夢のような一年が始まった。私はイギリスの日本文学研究を調べるためにロンドン大学東洋アフリカ学院（ＳＯＡＳ）に客員研究員として在籍し、妻は社会人学校の英語とパッチワーク教室に、三人の子どもはそれぞれ高校・中学・小学校に通った。生活が軌道に乗るまでのハプニングは数え切れないが、少し慣れた頃から、週末になると、よく田舎の祭りを見に出かけた。私の専門分野の一つが日本民俗学で、イギリスの生活文化に関心があったためである。しかし、計画的に調査をしようと思っていたわけではなく、ひと通り観光地を見てしまうと、もっと深くイギリスの生活を知りたくなったというほどの動機から始まった。

だが、まったくの無計画でもない。日本でイギリスの祭りを少し調べておいた。実際に見に行くにあたって特に役に立ったのは、チャールズ・カイトリー著、澁谷勉訳『イギリス祭事・民俗事典』（一九九二年、大修館書店）である。この本からおもしろそうな祭りを抜き出し、今度はここ、次はあそこと見当をつけた。この本の恩恵は計り知れない。石井美樹子著『シェイクスピアのフォークロア』（一九九三年、中公新書）からも五月祭やモリスダンスをはじめ、シェークスピア作品に出てくる民衆文化を学んだ。その多くがいまも残っていて実際に見られることは驚きに値する。

この本は前半の第一部と後半の第二部に分かれる。第一部は一九九四年の七月から翌年の二月までの十章で構成される。現存するイギリス最古の祭りと言われるアボッツ・ブロムリーの鹿の角踊りや、ウェールズに伝わる新年の葦毛うまの他、イギリス国王の戴冠式に関わる運命の石や、娘の小学校で行われた収穫祭も含まれる。それらは各地に残る祭りを通してイギリスの庶民文化を知る「イギリス祭り紀行」だった。

第二部は二〇〇五年の四月から七月までの祭りで構成されるが、第五章だけが二〇〇六年八月である。一九九四年に見られなかった五月祭をどうしても見たいと思っていたのだが、二〇〇五年に実現した。この時は妻と私だけで行った。第一部が祭りごとに章を立てるのに対して、第二部では数カ所の五月祭を一つの章にするなど、章立てが第一部と異なる。この年の祭り採訪は、深夜に宿に帰ってきて、翌日の早朝にまた見に行くというように、いま考えても目が回るほどの忙しさだった。

イギリスの祭りを最初に見た一九九四年からもう四半世紀も経っている。ロンドンオリンピックやEU離脱問題でイギリス社会は大きく変わったと聞く。でも、古き伝統を重んじるイギリス人の気質は簡単に変わらないはずだと、私は信じている。二〇一七年、二十三年ぶりにアボッツ・ブロムリーを妻と訪ねた時、村人は「いまも以前と同じように角踊りをやっているよ」と教えてくれた。村の変わらぬたたずまいと同様に、田舎祭りも変わっていないのだ。

この本の第一部は、「イギリス祭り紀行」のタイトルで雑誌に連載した見聞記がもとになっている。書名はそれによる。いまコロナ禍で海外旅行には行きたくとも行けない。イギリス旅行ができるようになったら、各地の祭りがどう変わったか、知りたい気がする。石工祭りを見に行ったコーフ・カースルの村で、村人たちが突然消えたあの石垣の小径はまだあるのか、確かめてみたいとも思う。

第一部は七月から、第二部は五月から月の順に構成してあるが、章ごとに話題が完結するように書いているので、どこから読んでいただいても結構である。第二部から第一部へと時間を遡っても一向に構わない。興味をもったタイトルの章から自由につまみ読みすることをむしろお勧めしたい。家族旅行の目線で見た、ほとんど知られていないイギリスの田舎祭りを気軽に読んでいただきたいというのが、著者の心からの願いである。

この本がイギリスのもう一つの楽しみ方を提示できるものであるなら、とてもうれしい。

目次

装幀　滝口裕子

イギリス祭り紀行 地図　第一部

※数字は本文の章を表す

パース
4 スクーン宮殿の運命の石
スコットランド
エディンバラ
北アイルランド
(湖水地方)
ウィンダーミア
クランバー・パーク
3 足結いの小鈴の
モリスダンス
アボッツ・ブロムリー
5 鹿の角踊り
マンチェスター
ウェールズ
ノッティンガム
スランウルティッド・ウェルス
9 新年の葦毛うま
バーミンガム
ケンブリッジ
イングランド
カーディフ
グリン・ニース
2 ウェールズ芸術祭の宝冠詩人
オックスフォード
ロンドン
サザンプトン
プリマス
ロンドン
6 キングスベリー・グリーン
小学校と収穫祭
8 金枝
コーフ・カースル
10 石工祭り
エバノウ
1 角市祭り
オッタリー・セント・メアリー
7 ガイ・ホークス・ナイトと火だるまの男たち

第一部

イギリス各地のシンブル（指ぬき）

第一章　エバノウの角市《つのいち》祭り

角市祭りとクリケット

イギリスとしては暑い夏の日だった。七月二十五日の朝八時半、ロンドンの家を車で出発し、南部のウエスト・サセックス州エバノウ（Ebernore）に着いたのが午前十一時。まわりには森と農場が広がっていた。森の道が急に開けて芝生の広場に出た。グランド二つ分はある。角市祭り（Horn Fair）の会場だ。露店が立ち並び、子どもたち用の大きな遊具が用意されている。

ちょうどアナウンスがあって、クリケットの試合の開始が告げられた。正面の建物に村祭りの役員が陣取り、木陰にはシートを持ち出して観戦する家族や老人たち。時折、アナウンスに合わせて歓声が上がる。自分たちのチームが得点したらしい。テントの出店では奥さんたちが飲み物やケーキを用意している。道を挟んだ向こう側には露店が並び、衣類やお菓子、おもちゃなどを売っている。子どもたちのために仮設された遊園地には、メリーゴーランドのようなものもあるから、結構大がかりだ。これがイギリスの田舎で見られ

村の夏祭り

る定期市なのだが、このイベントの中心はどういうわけか、村対抗のクリケットマッチなのである。

クリケットは、いかにもイギリス的な夏のスポーツだ。この国の伝統的なスポーツにして、大切な文化だと言ってよい。この時期、ロンドンでは、あちこちの芝生で白いポロシャツとトレパン姿のクリケットに興じる男たちを見かける。男だけのスポーツである。テレビでも、プロの国際試合（と言っても英連邦の諸国なのだが）を朝から晩まで何日も放映する。一試合が終るのに数日かかることもある。せっかちな日本人はクリケットに熱狂するこの国の人々を理解できないに違いない。

一カ月ほど前、私はクリケットの聖地ローズ・グランドに、イングランド対ニュージーランド戦を見に行った。満員のスタンドには緑の上着の紳士たちが興奮して拍手を送っていた。実際に観戦してルールや戦術がわかってくると、これは奥が深いと引き込まれる。観戦に誘ってくれたのは、その頃、お互いに英語と日本語を教え合っていたジョンである（第二部第五章参照）。彼はケンブリッジ大学を卒業し、八月から外交官として日本のイギリス大使館に勤務することが決まり、ロンドン大学東洋アフリカ学院（SOAS）で日本語の研修を受けていた。彼自身、クリケットの競技者でもあったので、とても詳しかった。

この競技を簡単に説明すると、一チーム十一人いて、二人のバッツマン（野球で言うと打者）の他にボウラー（投手）とウィケットキーパー（捕手）、そして打ったボールを捕るフィールダー（野手）で構成される。バッツマンが相手ボウラーの投球を打って相手陣地まで走り（これをランという）、また自陣まで戻ってくると得点になる。

野球の先祖のようだが、バッツマンはむしろ防御する側で、ウィケットという三本の棒の上に置いた横木がボールではじかれないように防ぎつつ打つのである。ボールがウィケットに当ったり、フライが捕られたりすると、アウトとなって交替する。ボウラーは肘を真っ直ぐに振り下ろし、肩が抜けて腕ごと飛んでいくのではないかと思うような恐ろしい投げ方をする。

ジョンによると、フィールダーはボウラーの球質、バッツマンのくせを見て位置を決め、またうまいバッツマンを残すためにわざと走らないという駆け引きもあるという。このスポーツは徹底したフェア精神と、その上に華麗な技術と頭脳的な戦略が求められる。勝負が決するまで五日もかかる場合があり、観戦する側には、一日、二日どうってことないという忍耐強さも必要である。

イギリスではクリケットは紳士のスポーツだと考えられている。ところが、この年の夏、クリケットの試合で事件が起こった。強豪の南アフリカとの戦いで、イングランドチームで主将をつとめるアザトンという選手が、ボールに滑り止めを付ける不正が発覚し、テレビに何度も大写しになり、マスコミに激しく追及された。ジョンは恥ずかしいことだと深刻な顔で私に話すのだった。

フェア精神と伝統の白のユニフォーム、そして物静かな品格は、イギリス人が決して譲れないものである。クリケットはイギリス人がもっとも大切にしてきたフェア精神を体現するスポーツであり、伝統文化なのだ。公園の芝生でクリケットの練習をしている子どもたちを見ると、こうしてイギリス紳士の魂を身につけていくのかと、私は深く感銘するのだった。

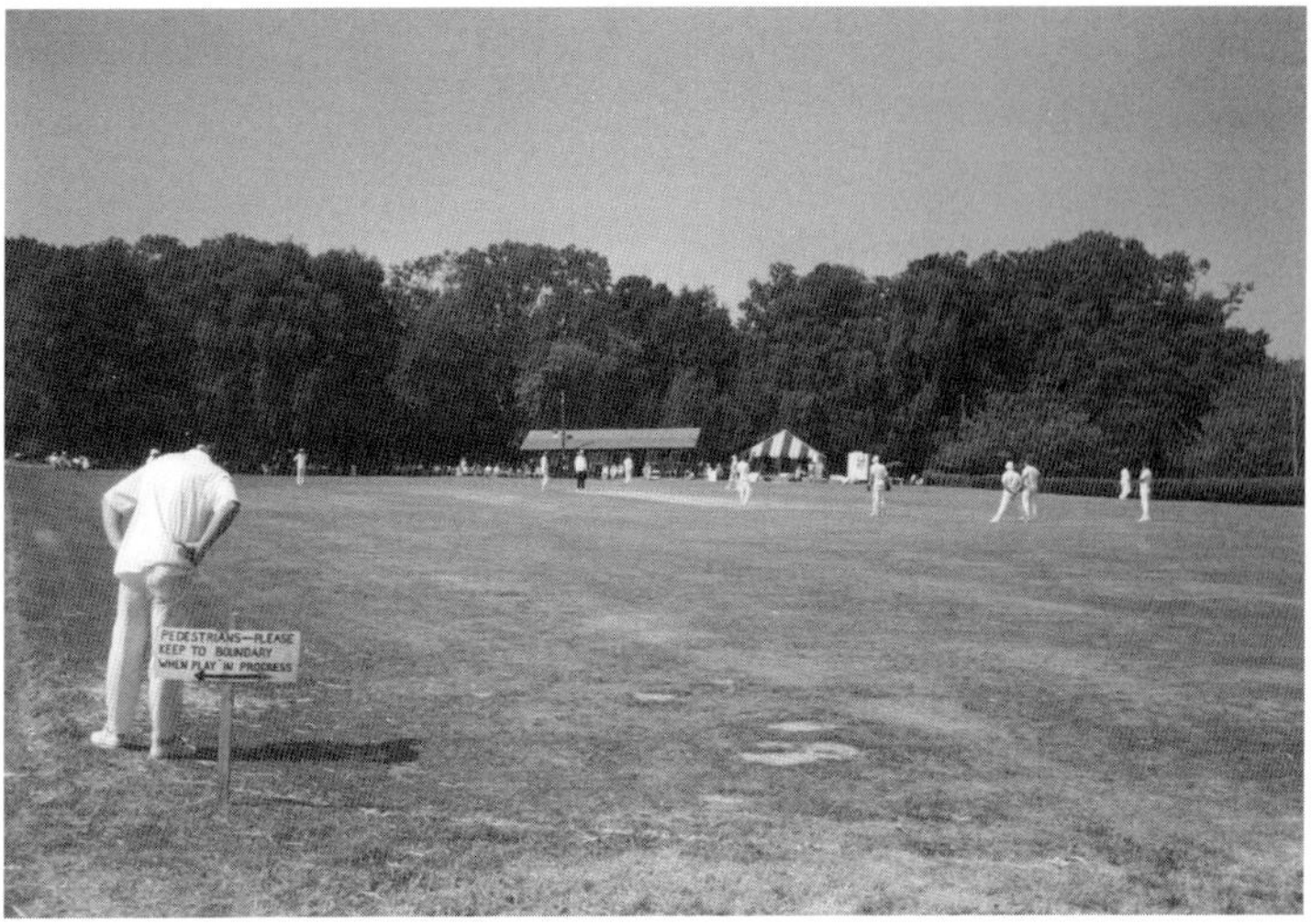

田舎のクリケットマッチ

角市祭りの俗謡を聞き出す

さて、エバノウの村祭りの中心行事がクリケットだというのには、見に行って驚いたが、このスポーツそのものがイギリスの伝統行事なのだと考えれば、少しも不思議ではない。芝生に白いユニフォームが優雅に躍動し、観客は自分たちの選手に気長に声援を送る。これが祭りなのだ。夕方には勝利チームの最多ランを獲得した選手に村祭りの最高の栄誉が与えられる。彼はフェア精神と優れた技量をもつ村の英雄なのだ。

それにしても、クリケットと角市はどう結びつくのか。角などどこにもないと、帰りの時間を気にしながら、肩すかしをくった気持ちで出店を見て回っていた。

羊の丸焼きとクリケット

すると、少し離れた芝生の隅の方から肉を焼くいい匂いがしてくるではないか。赤々とした炭火の上で、羊の丸焼きから脂が滴っていた。雲ひとつない夏の村祭り、定期市と羊肉のバーベキュー、クリケットに興ずる村人たち、いかにもイギリスの田舎の、生き生きとした風景だ。

もうロンドンに戻らなければならない時間だった。私ひとりだったらこの風景を見たことに満足し、すんなり村を後にしたことだろう。ところが、妻が、記念に角をもつ羊の絵のTシャツを買いたいと言い出した。お金を渡しながら、出店の人に、なぜ角市祭りなのかと尋ねた。自分はわからないからと、役員の帽子をかぶった男を連れてきた。穏やかな中年

角市の唄をうたう役員

の男は、これはエバノウに古くから伝わる伝統行事で、クリケットの勝ちチームが羊の角の優勝トロフィーを手にし、みんなで羊肉のバーベキューを楽しむことに由来すると丁寧に説明してくれた。もっとたくさんのことを言っていたが、私たちの拙い語学力ではここまで理解するのがやっとだった。

私は、バーベキューの時、唄をうたうのかと聞いてみた。かつてはうたったが、いまはうたわなくなったという答えだった。大切な伝統が消えかかっていると思った。十分な収穫があったと私は満足し、帰ろうとした時、妻がそばから、それではその唄をうたってほしい、と言ったのだ。役員の男は意表を突かれ、うろたえながら自分はうたえないと言った。どんな唄かとまた聞いた。わざわざ日本から来たのだからと思ったかどうかは知らないが、男は困った顔をして小さな声でハミングし始めた。ちょっと待ってビデオを撮るからと言うと、男は慌てた様子で、唄を知っている人がいるからと、私たちをバーベキューのところに連れていった。

その人はお腹の出た、エプロン姿のおじさんで、羊を焼く係をしていた。役員がひと言話すと、声高らかに急にうたい出した。役員もそれにつられて、大笑いしながら気持ちよさそうにうたってくれた。試合中のフィールダーが振り返るくらいだから、よほど大きな声だったのだろう。うたい終わった後、あとは忘れたと笑いながら言った。もちろん私には唄の内容も、笑いの意味もその時わからなかった。ただ、二人の雰囲気から、からかい唄ではないかと思った。とにかく妻は片言の英語で、消えかかっている貴重な俗謡をうたわせてしまった。私たちは丁重にお礼を言って車に戻った。

俗謡の伝統は意外に古い

この唄をテープで聞いて文字化する時には、ジョンに手伝ってもらった。どうもそれは方言や俗語を含んでいるらしい。私はこんな日本語訳にしてみた。

天気のよい夏の朝、私は歩いて角市へ行く
さわやかな風が麦畑を渡ってくる
目の前を通るのは、葦毛《あしげ》の馬の上のかわいい娘
彼女は馬に乗って角市へ出かけるところ
そこの娘さん、後ろに乗せてくださいな

いやよ、乗せたら母にしかられるから
年老いた父に痛いほどぶたれるから
だから、どうしても葦毛の馬には乗せられない

これを訳した時、二人が大声で笑った意味が初めて理解できた。これは明らかに、角市で男が若い女に誘いかけ、娘がやんわりと断る唄だ。市には若い男女が集まってくる。そこで言葉を交わした男女が結ばれることもあっただろう。男だけが言葉を投げかけるはずはなく、男と女が唄を掛け合うこともあったはずだ。市という場には若い男女が集い、出会う、ある意味で緊張関係があり、そこに言葉の芸術が生まれる様々な仕組みが用意される。エプロンおじさんの唄は、角市で男が若い女を誘い、女がはねつけて遊ぶ、市特有の

民謡だったのである。
こんなふうに考えてくると、あの時、エプロンおじさんが後は忘れたと言った、その続きの唄がとても知りたくなる。『イギリス祭事・民俗事典』にはどうもそれではないかと思われる歌詞が載っていた。

もし角市を見たければ、途中はずっと歩くだけ
今日は乗せてはあげられない、わたしの葦毛の馬の上
薄地の服はしわくちゃに、束ねた髪はばらばらに
その上ひどい旅疲れ、そんな姿を角市で人目に晒せるものですか

ああ何とつれないその言葉、義理にも駄目とは言えぬはず
一緒になって角市へ、何としても行くつもり
さあ揃って出掛けて仲間入り、いとも立派な人達の
額に生えたその角は、角市一の見事な見物

この歌詞は前半が角市へ行く女の言葉、後半が女を誘う男の言葉で、私が聞いた唄の後

半に続く内容と見ることもできる。そこに付け加わった「額に生えたその角」とは羊の角市をもじっているようでもあるが、いったいどんな意味なのか。

同書の説明によれば、「昔は定期市に集まる人たちが、異教徒さながらに角を額につける習わしがあったのかどうか、あるいはまた、定期市のために女房を寝取られた男達が、（目には見えない）角をその額に生やしていると思われていたのかどうか、この歌からは必ずしもよくわからない」とあり、「額に生えた角」とは定期市で男たちを揶揄《やゆ》する言葉であることを示唆している。もっとも、不貞な女房をもつ男の額には角が生えているという言い伝えはイギリスに古くからあって、それはたとえば、シェークスピアの喜劇『お気に召すまま』（阿部知二訳、岩波文庫）に、

角はいやなもんだが、なくすることもできんもんだ。（中略）りっぱな角を、際限もなく持っている男も多いさ。

などと出てくる。この科白《せりふ》から考えてみても、私が聞いた唄はもともと角市で女房を寝取られた男をうたった唄だったのだろう。市に集まる男たちをからかっておおらかにうたっていたという情景が目に浮かんでくる。帽子の役員とエプロンおじさんの笑いが市の文化史までつながっていく深い意味をもつとは、唄を聞いた時、私には知るよしもなかったのだが。

最後に付け加えると、この角市祭りの日は、七月二十五日の聖ヤコブの祝日にちなむらしいが、キリスト教の行事という色彩はなく、いまは定期市で羊の肉を村人たちが楽しんで食べる行事になっている。クリケットマッチは後に行われるようになったに違いないが、その最優秀選手に羊の角のついた頭を贈って栄誉を讃えたのだという。帽子の役員の話では、かつてバーベキューの肉になった角のある羊の頭は、いまは羊の頭をかたどったブロンズのトロフィーに代わったという。それは少し残念な気もするが、角にまつわる民俗的な意味の一つにたどりつけたように思った。

第二章　ウェールズ芸術祭の宝冠詩人

グリン・ニースで開催の芸術祭

八月一日の早朝六時、私は妻と当時小学校五年生の娘の三人で、車でウェールズに向かった。ロンドンから高速道路M４で西に二時間半、ニースの町に着いた。ウェールズに入ると、地名の看板が、上にウェールズ語、下に英語という具合に二段になる。上のウェールズ語はたいてい文字数が多く、発音はまったくわからない。これを見て、イングランドとは違う地域に来たなという感じになる。

タウン・センターで、ウェールズ芸術祭の場所を聞いた。若い女性が地図で示して教えてくれた。ドイツ語とフランス語を混ぜて煮たようなウェールズ語の発音は、英語とはまったく別の音感だ。「スッツ」とか「ツェ」という破裂音が特徴的で、とても発音できない。イギリスの中の異質な文化を実感した。

芸術祭の会場は、そこからさらに八マイル（約十三キロ）北西にあるグリン・ニースという町だった。会場はすぐにわかった。広い芝生に、ものすごい数の大小のテントが張ら

芸術祭会場の入口

れ、表示がすべてウェールズ語である。入口でもたもたしていると、見かねたように老夫婦が助けてくれた。三ポンド（約四百八十円）で入場した上で、さらにそれぞれの出し物の入場券が必要だ、ということらしかった。私が目当てとしていた最優秀詩人を決める祭典の入場券が運良く買えた。なぜ運良くなのかは、後で知ることになる。

祭典が始まる午後二時半まで、たっぷり時間があった。大テントのパビリオンを取り巻くたくさんの出店、展示館、劇場を見て回った。ウェールズのシンボル（ウェールズの旗は白と緑の二色の上に赤い竜が描かれている）である赤いドラゴンの木製キーホルダーを買った。これは妻

大テントのパビリオン

が気に入って、いまも車のお守りにしている。民芸店では、店番の若い男が「私は日本語を勉強しています」と話しかけてきた。

また、シュワルツェネッガーみたいな、雲をつく大男が十数人いる中に迷いこんで、ふと見上げると、ウェールズ・ラグビー協会の展示館だった。ウェールズはラグビーが強いことで有名だ。ひとりが私をぐいと中に引き込んで、シールやワッペンをくれた。ウェールズ人は大きくて優しくて、明るい。

歩きながら、三百店まで数えたが、とても全部は回れずに、時間が来てしまった。入場券で大テントに入ってしばらくすると、二、三千席はある会場がまたたく間にいっぱいになった。入場券が買えたのが不思議なくらいだった。あと十分遅かったら、確実に買えなかっただろう。仮設会場だが、指定された席まで係員がすばやく案内してくれる。運営はすべてボランティアで、老いも若きもいる。

イギリスの社会活動はすごい

イギリスのすごいところは、このボランティアの力だ。自分のできることを公共のために提供する精神が子どもから老人まで浸透している。その全国的な組織にイギリス自然保護ボランティア協会（ＢＴＣＶ）がある。国立公園の歩道敷設、運河の護岸工事、花壇造りなど、至るところでこのボランティア組織が活躍している。

ちょうどこの時、当時高校二年生の娘がＢＴＣＶに申し込んで、イギリス中部のノーザンプトン州にある運河の補修工事に参加していた。私も妻もイギリスの生活に慣れるのにいい機会になるだろうと勧めはしたが、知らない外国人たちと、しかもいままでやったことのない土木作業ができるのかと、内心とても心配だった。やめてもいいよと親は弱気を見せたが、娘はリュックと寝袋を背負って汽車に乗って出かけて行った。八日後、充実した顔をして帰ってきた娘を、私は黙って見つめるだけだった。娘の話では、運河に腰までつかって護岸する作業で、朝から晩まで働いて、夜は教会で寝たという。十代から六十代までの男女が十六人いて、労働は辛かったけど、みんな助け合ってとても楽しかったと目を輝かせた。話を聞いていて、これは互いを尊重しながら奉仕するすばらしい制度だと思った。自然の保全のために、ほとんど一年中活動しているのだ。娘は翌年もこれに参加して、今度はサセックス州（ロンドンの南）の『くまのプーさん』の故郷ハートフィールド近くの川や遊歩道の補修工事に行った。「プー・ブリッジも見たよ」と楽しそうに話してくれた。

自然保護の精神がつくり出したBTCVとナショナル・トラストは、日本がすぐにでも学ばなければならない制度だろう。そう言えば、長野の黒姫から、自然保護について発信し続けてきたC・W・ニコルさんは、残念ながら二〇二〇年四月に亡くなったが、ウェールズ生まれのイギリス人だった。この人の自然を大切にする思想はウェールズの地で育まれたのだろう。自然保護の思想とボランティアの精神は、これからの日本にさらに一層必要となることは間違いない。

ウェールズとケルト文化

ボランティアの人たちが運営するウェールズ芸術祭が開会した。まず、三人の少女が幕の前に出てきて、ウェールズ語の歌をそれぞれ独唱した。高く澄んだ声だ。息をのむほど

宝冠詩人の儀式

の美少女ばかりで、つい余韻に浸っていると、突然幕が開き、最優秀詩人の儀式が始まった。ステージの上に百人ほどの緑のガウンの男女が座っている。

まもなく客席の後ろから、金の縁取りのある帽子のような桂冠と、金色でまぶしいほどのガウンを身につけた男が現れ、静かに舞台に歩いて行く。この人が祭りを主宰するのだろうと思った。髪に花輪をつけた大勢の少女や、杖や剣を持った男たちが後に従う。ガウンを着た人が左右の通路から舞台に次から次へと上がっていく。そのたびに、後ろの席のおばあさんが、ビデオを撮っている私に、こっちよ、今度はあっち、と教えてくれる。こうし親切に世話をやいてくれるのだ。

て五百人ほどの人が舞台中央の大小二つの椅子を取り囲むように並ぶ。大きな椅子には宝冠を戴いた人が座った。この人が儀式を司るドルイド教の大司教なのであった。

そもそもドルイドとは、魂の転生を信ずるシャーマニックな古代ケルトの宗教であり、その最高司祭者をも指した。紀元後すぐにローマ人によって駆逐されたこの謎の宗教は、十九世紀以降のケルト文化再興運動の中心となった。アイステズヴォッド（Eisteddfod）と呼ぶウェールズ芸術祭こそは、ドルイド教復興の試みとして行われてきたものであった。芸術祭ではすべてウェールズ語が使用され、詩や歌、踊りなどが競われるのも、ケルト文化の保護と発展という目的からだった。近年は、道路標識やこの芸術祭だけでなく、小学校から大学に至る教育機関でも、ウェールズ語の教育に力を入れているということだ。

しかし、ケルト人の血を引くウェールズの人々が、ケルト文化を再興しようとするのは、自分たちの文化を大切にするという単純な動機からだけではないだろう。ウェールズの歴史には、古くはローマ人の侵略、十三世紀にはイングランドのエドワード一世による征服という屈辱の時代があったし、イギリス皇太子に与えられるプリンス・オブ・ウェールズの称号にもそれはつながっている。これらを考えると、ウェールズ人がことのほか芸術祭に熱心な理由もわかる気がする。

一〇六六年、ウィリアム王のノーマン・コンクエスト（ノルマン人ギョーム二世によるイングランド王国の征服）以来、イングランドがしてきたことは征服と併合であった。ウェールズやスコットランドで感じるのは、そうした歴史から出てくる影の部分だ。ウェールズの人々の場合、イングランドに対する自文化への意識は抜きがたくあるように思う。

州の代表者の挨拶、大司祭の言葉、背広を着た男の長い演説、どれもウェールズ語でまったくわからない。儀式が始まって五十分ほど過ぎた頃、大司祭のアナウンスとともに、突然観客の後ろの席に照明が向けられた。今年の最優秀詩人の発表だ。大歓声の中で、ひとりの青年が手を挙げて、うれしそうな表情を見せている。彼はどんな詩を作ったのだろう、見たところ若そうだが、と思うが、私たちにはわからない。

宝冠詩人の誕生

舞台からガウンの男が下りてきて、詩人に鮮やかな紫のガウンを着せ、舞台に連れて行く。大司祭は舞台に立った詩人の栄誉を讃えている様子だ。それが終わると、大司祭は従者三人で担ぐ、人の背丈ほどもある長い剣を三十センチぐらい抜き、高らかに宣言してパチンと鞘に収める。それを三回くり返した。少女二人が宝冠を持ってきて、大司祭が詩人の頭に載せる。この時、詩人は最高の栄誉を与えられ、大司祭の隣の椅子に座るのである。それはカシの木で造られた、いかにも立派な椅子だ。背後には渦巻のケルト模様の垂れ幕

長い剣と宝冠詩人

が下りて、椅子が一層浮かび上がるように演出されている。

宝冠詩人の誕生である。イギリス王室では詩を作る役職の人を桂冠詩人と呼ぶが、彼はウェールズの最高詩人なのだから、あえて宝冠詩人と呼ぼう。落ち着かなそうに栄誉の椅子に座った宝冠詩人に対して、すばらしいテノールで讃歌がうたわれる。髪と手に花輪をつけた三十人ほどの少女が軽やかにダンスをして喜びを表す。その中に角笛を持った女性が二人の少年を従えて詩人に近づき、言葉をかける。ケルトの女神の役割なのかもしれない。花輪を持った女性も言葉をかけて讃えているようだった。

次の瞬間、会場の全員が突然、立ち上

がった。驚いて私たちも立つ。会場の参加者全員がウェールズ語でうたい始めた。見事な大合唱だ。前の人も後ろの人も、すばらしい声で朗々とうたう。後ろから聞こえてくる美声は、あっちよ、こっちよと教えてくれたあのおばあさんだった。とにかくウェールズ人の歌のうまさには驚嘆する。合唱が終わると、大司祭、宝冠詩人の順に、舞台の人々が退場する。一時間半におよぶ宝冠詩人の儀式はこれで幕が閉じた。

アイステズヴォッドは、最優秀詩人の椅子を競う祭典だ。その栄誉の宝冠を与える儀式は、詩人の技能に対する絶大な敬意を表すものだ。言葉の技能への尊敬は、かつてのケルトの文化とどこかで通じているのだろうか。

この日以来、私はもちろん、妻や娘も親切な人たちのいるウェールズが大好きになった。もっとも、私の友人のジョンがウェールズ出身だということも多分にあるが。

【追記】

二〇〇五年、再びウェールズを訪れた。国立博物館にも行ってみた。芸術祭の紹介コーナーもあって、会場地の一覧も出ていた。ウェールズの人たちのアイデンティティとしてこの行事は重い意味をこれからももち続けるのだろう。

ウェールズを再訪した理由はもう一つあった。ウェールズの州都にあるカーディフ大学に留学している娘に会うためだった。芸術祭に連れて行った当時、小学校五年生だった娘だ。ウェールズには不思議な縁を感じている。

【補記】

二〇二〇年は新型コロナ感染症のためにイギリスの伝統行事や祭りがほとんど中止になり、ウェールズ芸術祭も取り止めになった。しかし、二〇二三年までの開催地がしっかりと記載されているのには驚いた。ウェールズ人のアイデンティティとしてウェールズ芸術祭を続けていくのだという強い意志が伝わってくる。ちなみに、二〇二一年はトレガロン（Tregaron）というウェールズ西部の町が予定されている。

第三章　足結《あゆ》いの小鈴《こすず》のモリスダンス

ノッティンガムからバイロン邸へ

八月十三日（土）の朝、私たちはロンドンから車で、スコットランド、レイク・ディストリクト（湖水地方）を見て回る夏の旅行に出かけた。前日我が家に泊まった鳥類学者の上田恵介さんは、学会があるノッティンガムまで一足先に列車で出発した。私たちは高速道路M1を二時間半北上してノッティンガム市内に入った。ここでの観光は、ロビンフッドの宿敵、悪代官が拠点としたノッティンガム城に行くのがお決まりのコースだ。城から下りたところにロビンフッド像がある。これがまた、ぶっとい足に童顔。岩波少年少女文学全集『ロビンフッドの冒険』で私が親しんだ精悍な森の英雄、我が心のロビンフッドとは似ても似つかない。「なーに、これ」とは子どもたちの感想。

城を出てキャッスル・ゲートという石畳の道を歩くと、衣装博物館とレース博物館がある。ノッティンガムレースの名で知られる贅沢な織物、大量生産を可能にした紡織機械に、産業革命とその後の工業大国イギリスの繁栄が見える。周辺から産出する石炭と繊維工業は、近代イギリスの光と影を映している。光は工業都市としての繁栄だが、影は「谷底長屋」に象徴される炭鉱労働者の悲惨な生活である。

ここから西に十キロほど離れたイーストウッドにD・H・ローレンスの生家を訪ねると、この影の部分に触れる思いがする。頭がつかえるような狭い階段でつながれた二階の小さな部屋からは、作家の書斎というよりは貧しさに耐える生活者の匂いがしてくる。ローレンスといえば『チャタレー夫人の恋人』。中学の頃、発禁になった本だと知って父の書棚から探し出し、こそこそと隠れて読んだ記憶に、それはつながる。なんでこれが発禁なのだ、と変に落胆したことを思い出す。それが削除版だとは知るよしもない。あの時は、近代社会の繁栄が光のように見えるのは幻想にすぎないということも、近代に不信を抱き、森の生命力を崇敬したというローレンス文学の基調音も理解することができなかった。

イーストウッドから北に約三十分、バイロン邸を目指して車を走らせる。「君を恋ふる歌」の一節「バイロン、ハイネの熱もなき」のバイロンである。するとニューステッド・アビー、すなわち詩人ジョージ・バイロンの大邸宅のある森にようやくさしかかる。もうそこはシャーウッドの森。大きな門から邸宅まで、車で五、六分は行く。この距離がイギリス貴族なのかと納得する。途中、孔雀たちが庭のあちこちに歩いていた。建物内に入ると、贅沢な調度品ばかり。応接間に日本の鶴の屏風と襖絵があるのを見つけて驚いた。ち

広大な敷地のバイロン邸

ゃんと作者名まである。庭園には灯籠が置いてある。木陰の石造りのベンチではバイロンが恋の詩をうたったのだろうか。こういうところに住めば、平凡な人生は送らないだろうと、ギリシャ独立戦争で死んだバイロンのことを思った。

ちなみに、バイロンの墓は、ロンドン北郊のハーローの丘にある。彼はイートン、ハーローで有名な男子全寮制のパブリック・スクールの伝統校、ハーロー校の出身なのである。私はこの近くに住んだので、よくハーロー校界隈を歩いた。ロンドン西郊の、ウィンザー城とテムズ川を渡って対岸に位置する平地にあるイートン校よりも、緑に囲まれた丘の上のハーロー校の方が私は断然好きだ。燕尾

民宿マナー・ファームの建物

服を着て、学校の教室に入っていく生徒を見ると、さすがイギリス紳士の卵と感心したものである。その丘の一番上がセント・メアリー教会で、片隅にバイロンの墓がある。字がびっしりと刻まれた墓碑の前にベンチがあり、ここからの眺めは最高にすばらしい。晴れた日にはウィンザー城の方まで見える。寄宿生のバイロンは、ここからロンドンを見渡したはずなのだ。

シャーウッドの森でバードウォッチング

さて、私たちはシャーウッドの森の案内所で上田さんと落ち合った。宿泊はそこからさらに東のラクストン近郊のマナー・ファーム（農場の民宿）を予約していた。農場しかない静かな村である。イギリスでは、民宿にあたるB&Bが至るところにある。安いこともあって、旅行者はよく利用する。私たちの民宿は、こじんまりした農場だった。二匹の犬の後に優しそうな奥さんが出てきた。もちろん客は我々だけ。夕食は、ビーフシチューにカリフラワーとジャガイモ、プディングがおいしかった。田舎の家庭料理にみんな満足した。

翌日はベーコン・エッグに自家製のソーセージと新鮮な牛乳、農家ならではの朝食である。家族五人で一泊二食付き九十三ポンド（約一万五千円）、信じられない安さである。エプロンを外して出てきた奥さんは、見えなくなるまで庭先で見送ってくれた。

私たちが最初に見たのは、シャーウッドの森のメジャー・オーク（巨大なカシの樹）。幹回りが十メートルで、イギリスで十八番目の大樹だそうだ。たくさんの枝が大きく張り出し、世界の中心にある宇宙樹に見立てたのもよくわかる。樹齢四、五百年というから、神話の木と言えるかどうか。少なくとも、ロビンフッドの時にはこの木はまだなかった。もっともロビンフッドも十四世紀の伝説の人物らしいのだが。

イギリスのオークの森は意外に疎林だ。オークの大樹が点在し、その下にシダ類が生えている。これならシカやウサギも、そしてそれを狩りする人間も住める。伝説のロビンフッドは、このようなオークの森をねぐらにしていたわけだ。シェークスピア劇でも、アウ

メジャー・オークと呼ばれるカシの巨木

トローは森に身を隠すことになっている。

私たちは上田さんの案内で、バードウォッチングをしながらロビンフッドの森を歩く。キバシリ、ゴジュウカラ、ズアオアトリと、珍しい野鳥を観察する。鳥類学者のガイド付きだから、こんな贅沢なバードウォッチングはない。子どもたちも十分に森の散策を楽しんで、案内所に戻る。私はここでモリスダンスのことを聞いてみた。この周辺のB&Bのパンフレットに写真が載っていたのを覚えていたのだ。しかし、それがどこで、いつ踊るのかわからない。不確かな情報にすぎない。ところが、聞いてみるもの、である。係員はあちこちに電話して、どうもノッティンガムで今日やるらしいと言う。どうしても見たい私は、ノッティンガムまで戻ることを決意した。妻や子どもたちはあきれ顔だ。さらに正確な場所を聞くと、ノッティンガム市役所の観光課に電話してくれた。その結果、ノッティンガムではなくて、シャーウッドの森の北にあるクランバー公園で午後二時に始まるということがわかった。ノッティンガムに戻る上田さんとは近くのバス停で別れ、私たちは十キロメートルほど先のクランバー公園に向かう。

私がなぜこんなにモリスダンスに固執したのか。実は、これがイギリスを代表する中世以来の民俗舞踊で、イギリスの民衆文化に深く根を下ろしていることを知ったからである。中部イングランドの夏祭りには欠かせない踊りとして人々に親しまれてきたという。イギリスの夏祭りと言えば、五月一日の五月祭、復活祭から五十日後の聖霊降臨祭（移動祝日だが、大体は五月中）、六月二十四日の夏至祭がある。このような夏祭りには、男女が森で一夜を過ごし、緑の枝や花を採ってきて家の軒先に飾る風習があった。それは日本の歌垣的行事（上代、男女が山や市などに集まって互いに歌を詠み交わし舞踏して遊んだ行事）に似た、自然の生命力を身につける祝祭に違いないが、そのような民衆の祝祭の余興がモリスダンスだった。

さらに石井美樹子著『シェイクスピアのフォークロア』によって、シェークスピアの作劇の基盤に、この祝祭の風習と精神があり、『ヘンリー五世』などにモリスダンスが出てくることを知って、ますます興味をもったわけだ。とにかく私は、思わぬ朗報に胸を弾ませて、クランバー公園に行った。

イギリスのナショナル・トラスト

ナショナル・トラストの人に入場料二ポンド五十ペンスを支払って森の中を走り、レストランの建物のそばに駐車した。前が広い芝生になっている。人々が日光浴したり、散歩したりしている。ここもすべてがナショナル・トラストの管理地なのだ。入場料はその維持管理に使われる。この制度はすばらしいといつも思う。

十九世紀末の英国で、開発による環境汚染から国と人々を救うために生まれたナショナル・トラスト運動は、ロンドンのオープン・スペースや、ワーズワースの愛した美しい湖水地方の自然を守ることから始まり、一八九五年に誕生した。正式名称を The National Trust for Places of Historic Interest or Natural Beauty という。National とは「国家の」ではなく「国民の」、Trust は「信頼」という意味で、「国民が信頼しあい、力を合わせて国の自然環境と歴史的文化遺産を守る」民間の非営利組織である。たった三人の創設者（オクタビア・ヒル、ロバート・ハンター、ハードウィック・ローンズリー）の手によって誕生した英国ナショナル・トラストの会員は今や二百二十万人。二十四万ヘクタールの土地、五百五十マイルの海岸線、二百のカントリーハウスと城、百六十の公園や庭園、二十五の産業遺跡などを所有し保全している（一九九七年現在）。世界最大の環境保護団体となっている。そしてそこで働くスタッフやボランティアの誰もが、自分たちの手で自国の自然環境や歴史的文化遺産を誇りをもって守っている（横川節子著『ナショナル・トラストの旅』一九九七年、洋販出版）。オークの葉にドングリのついたシンボルマークが至るところで見られ、私たち外国人にもすぐそれとわかることで、より一層親しみと畏敬の念が生ずるのである。

ナショナルトラストのシンボルマーク

念願のモリスダンスを見る

売店の人に聞くと、この前庭で二時から踊ると教えてくれた。三十分前にひとりの男が来て広場に旗を立てた。その旗にはダンスの絵にノーブリッジ（Norbridge）とフォーク・アンド・モリス（Folk & Morris）とある。しばらくして二十人ぐらいの年配の男女が集まってきて、黒のニッカボッカに白ソックスの男たちが、刺繍をした黒のチョッキを着始めた。チョッキの背にも、ノーブリッジ・フォークダンス・グループの文字が縫ってある。

チョッキの背にノーブリッジ・フォークダンス・グループの文字

女性は赤やブルーのスカートに黒のチョッキで統一している。

カセットテープの音楽で、男女が対になって十二人で踊り始めた。手を高くかざして、その下をくぐったり、輪の中で交代で踊ったりする。私たちが中学生の時、手を組むのが恥ずかしくて仕方なかったあのフォークダンスの原型みたいなものだ。それが終わると、女の人だけで踊った。その間に、男たちは膝下にたくさんの鈴を巻き付け、チョッキを脱いで、帯のような赤い布をたすき掛けにした。つばのまわりに花を飾った麦わら帽子を被っている。

次にその六人の男たちが、片手に太鼓のバチのような短い棒を持って踊り始め

モリスダンスの棒踊り

た。向かい合ったり、離れたりする。向かい合う時は、そのバチを互いに打つ。リズミカルなステップに伴って鳴る鈴の音と乾いた木の音とが、歯切れのよい調和を作り出す。途中から打ち合う木の音が急に早くなり、互いの手を叩いてしまうのではないかとハラハラしながら見る。終わった時には、芝生に座っている人、横になって見ている家族連れから、大きな拍手が寄せられた。たすき掛けが胸で交差するところに、Ｎの文字を縫い込んだ丸い形の布が付いている。Ｎはノーブリッジの頭文字だろう。見たところ、おじいさんという年齢の人もいる。だが、ステップはとても軽快だ。日頃から練習しているに違いない。

ハンカチを振る踊り

また同じメンバーが、今度はバチから両手に白いハンカチに持ち替えて踊った。円陣になったり二列になって交差したり、いろいろな動きと軽快なステップ。音楽とステップの鈴の音がぴったり合っている。その間に片手を上げてハンカチを振り、今度は前で音楽に合わせて振るという具合に、なかなか華麗で流れるような振り付けだ。一曲五分くらいだが、六人が続けて踊ったので男たちはこれで退く。

次にまた女性だけのフォークダンスがあり、それが終わると、比較的若そうなおじさんがひとり出てきた。中央に細い棒を十字に置く。何をするのだろうと見ていると、その十字の棒の間を実に巧みにステップを踏みながら、飛び跳ねるのだ。跳ねるたびに、小刻みに足の鈴が鳴るという仕掛けだ。ひとりで注目を浴び、その踊り手は満足そうに踊っている。ただ運動量が激しいので、長くは続かない。二、三分で終わってしまった。

この踊りは、スコットランドのエディンバラの祭典、ミリタリー・タトゥーでも見た。その時は剣を十字に置いて、四人で飛び跳ねながら踊っていた。スコットランドだから、音楽はバグパイプで、衣装はキルトである。これをスカートと言うと、スコットランドの人に怒られる。バグパイプは戦いの音楽で、キルトは戦いの衣装なのだという。スコットランドの男たちの正装なのだ。剣を跨いで踊るというのは、戦いの踊りということになろう。おそらく、細長い棒は剣の代わりだと思う。

その後、また男女がフォークダンスを披露して、見物人に加わるように誘った。大人も子どもも輪の中に入って行った。妻も誘われて踊った。どうも、この行事はクランバー公園の夏の行事として、モリスダンスの愛好会に協力を依頼したようであった。

観客が参加したフォークダンスの輪が解けた時、妻がひとりのメンバーに質問した。私もそこに加わって、モリスダンスのことを聞いた。答えてくれたのは、ひとりで踊った人である。その話によると、この踊りの歴史は古く、六百年前から行われている。自分たちはこの北にあるワーソップの近くのノーブリッジに住んでいるという。ノーブリッジには川があって、両側にそれぞれのグループがあり、自分はその北側のダンスグループだという。夏だけでなく、冬も祭りや行事があると踊るのだそうだ。いつもは十曲ぐらいで二時間踊るが、今日は半分にしたと教えてくれた。とても気さくで、親切に話してくれたのがうれしかった。私の英語力がもう少しましだったら、もっといろいろなことが聞けただろうにと、それだけが残念だった。

モリスダンスとセシル・シャープ・ハウス

私の感想を交えて少し付け加えておきたい。モリスダンスと言えば、本来男たちのもので、ハンカチを振りながら鈴を鳴らして踊るというイメージを、イギリスの人たちはもっている。ここで踊った中では、棒とハンカチの踊りが伝統的なモリスダンスである。それはなかなか素朴で、軽快な動きはとてもいいものだった。いかにも田舎の祝祭の踊りという感じだ。耳に心地よいあの鈴の音は、モリスダンスの特徴と言えるだろう。私も実際に見て、モリスダンスは鈴の音だと思った。それ以来、私は勝手に、「足結《あゆ》いの小鈴《こすず》のモリスダンス」と呼んでいる。

なぜ、「足結いの小鈴」なのか。軽やかに鳴り響く鈴の音を聞いた時、日本の古い『古事記』の歌が突然思い浮かんだのだ。それは兄妹の恋という軽太子《かるのひつぎのみこ》事件に関わる歌だ。

宮人《みやひと》の　足結《あゆひ》の小鈴《こすず》　落《お》ちにきと　宮人響《みやひととよ》む　里人《さとびと》もゆめ

（宮人の足結いの小鈴が落ちてしまったと、宮人たちが騒いでいる。里人たちは慎んで騒がないでいなさい）

五世紀の允恭天皇の死後、密通事件に端を発して二人の皇子が位を争った。その時、臣下の大前《おおまえ》小前宿祢《おまえのすくね》が手を挙げ、膝を打ち、舞をしながらこの歌をうたったという。「里人よ、静かにしていなさい」と戒めたのだ。我が国の古代でも膝のあたりの紐に鈴を結んで舞ったのだろう。モリスダンスの華麗な鈴の音に、日本古代の宮廷歌舞の鈴を重ねてみるだけでも楽しくなる。

ロンドンに帰ってから、モリスダンスを描いたものとしてよく知られている絵が、ケンブリッジにあることを知って、見に行った。その絵はフィッツウィリアム美術館にあり、十七世紀前期に、オランダの画家ヴィンケンブームがリッチモンド宮殿近くのテムズ川周辺を描いたものだ。ショップの隣の部屋の壁に掛けてある、縦一・五メートル、横三メートルの大きな油絵だ。そこに描かれているのは、足結いの小鈴を付けた踊り手が三人、女装のメイド・マリアン、張りぼての馬に跨るホビー・ホース、そして柄杓《ひしゃく》でお金を集める

何度も通ったセシル・シャープ・ハウス

道化に太鼓打ちという一行である。十七世紀初めというと、シェークスピアの時代であって、この頃は地方でも宮廷でも、モリスダンスの踊り歩く風景が普通に見られたのだ。先ほどの石井美樹子さんが言うように、柄杓と棒が豊穣のシンボルであるとすれば、農耕儀礼に淵源が求められるキリスト教以前の祝祭ということになる。

クランバー公園で見たノーブリッジのチームは、もはや踊りだけであって、道化もマリアンもいない。モリスダンスと言っても、二つの間には大きな違いが認められる。その土俗的で呪術的な踊りの意味は次第に薄くなって、余興としての踊りだけが、洗練され伝承されていったのであろう。特に産業革命を経て、この踊りはほとんど消えていくことになる。

壊滅状態にあったモリスダンスを復活させたのは、民俗学者のセシル・シャープ（Cecil Sharp）であった。彼は一八八九年にコッツウォルズ地方で、小鈴を鳴らして飛び跳ねるこの変わった踊りを発見し、復元普及に努めた。その結果、この踊りは全国に広まり、再びイギリスの民衆文化を代表するダンスになっていくのである。

この著名な民俗学者を記念する図書館がロンドンにあることを、私はシェークスピア研究者である同僚の来住《きし》正三《しょうぞう》先生からの手紙で知った。地下鉄ノーザン線のカムデンタウン駅から歩いて五分、リージェント・パーク・ロードに面したセシル・シャープ・ハウスがそれである。私はこの図書館に何度か通ったが、民俗関係の書籍や資料が充実している。ここの司書は当然のことながら、イギリス各地の民俗事例に実に詳しい知識をもっているので、私は調べる時には、まずここで聞いて方向を定めるというように利用した。この建物には民俗関係の売店とダンスホールもある。モリスダンスの講習がいまも毎週のように開かれている。こうした努力もあって、ノーブリッジのチームのようなモリスダンスの愛好者たちが増え続けているということである。

第四章　スクーン宮殿の運命の石

ロンドン塔の大ガラス

イギリスの祭りの中で、もっとも盛大で、華麗で、厳粛で、かつ重要なものは、何といっても国王の戴冠式である。そして、この戴冠式には、それにまつわるひとつの謎がある。その謎に迫ってみたい。しかし戴冠式は、一代の王に一回しかなく、しょっちゅう見られるというものではない。イギリスでは一九五三年のエリザベス女王の戴冠式以来行われていない。

戴冠式はロンドン塔から始まる。中世のイングランド王は、居城であったロンドン塔からウェストミンスター寺院まで行進して戴冠式を行った。居城でなくなってからも、戴冠式の前夜はここで潔斎の沐浴を行う習わしだったという。だから、戴冠式に触れるには、まずロンドン塔に行ってみるのがよい。ここに行けばいつでも、エリザベス女王の戴冠式が見られる仕掛けになっているのだ。夏目漱石は『倫敦塔』の冒頭に、「『塔』の見物は一度に限ると思う」と書いたが、私はその戴冠式を見るために三度もここに足を運んだ。

西門を入ると、赤い縁取りの入った紺の制服のビフィーター（衛兵）が、群衆に独特の抑揚で大声で説明している。早口の英語がわからず、群衆と一緒に笑えない私は、その名も血染めの塔（ブラッディ・タワー）をくぐって、すぐに中庭に進む。中央にホワイト・タワーがそそり立つ。一〇六六年にイングランドを征服したウィリアム王が建設したものだ。彼は、ウィンザー城の中心にあるラウンド・タワーも造っているのだが、二つの城は一見違うように見えて、その構造はほとんど同じだと思った。テムズ川河畔に高く土を盛り、その上に要塞のように塔を建てるという手法である。ノルマン人のウィリアム征服王は、テムズ川を制した築城技術にも優れていたらしい。

ホワイト・タワーの前まで行くと、芝生には大ガラスが遊んでいる。このカラスがロンドン塔からいなくなると、ロンドン塔もイングランド王国も滅亡するという古い言い伝えがある。カラスの正式名はレイヴン（Ravan）と言って、和名ワタリガラス。図鑑を見ると、イギリス西部に分布し、ロンドンは生息地でない。この伝説のためにロンドン塔に連れてこられたというわけだ。しかし、すぐに生息地に飛び去ってしまうだろうに、結構おとなしく歩き回っている。それもそのはず、いなくなっては一大事と、いつも肉片を与えて機嫌を取るだけでなく、風切羽の何枚かを切って飛べないようにしているのだ。私たちが訪れた当時、オス五羽、メス三羽が飼育され、繁殖もしているから、もうロンドン塔は

ロンドン塔を守る大ガラス

安泰だ、とパンフレットには書いてあった。

ところで、このような伝説はいつ頃言われ始め、なぜカラスが王と国家の運命を握っているのか。その理由は残念ながらはっきりしない。漱石は『倫敦塔』の中で、ロンドン塔で流された残忍な血の歴史を思いつつ、

百年碧血《へきけつ》の恨《うら》みが凝《こ》って化鳥《けちょう》の姿となって長くこの不吉な地を守る様な心地がする。

と陰惨な想像に沈んでいる。私はそうした不吉な面とともに、王権の守護者としても考えてみる。聖なるもの、呪力をも

つものは、しばしば両面性をもっているからだ。

そういえば、『古事記』の中で、神武天皇を熊野山中から吉野まで先導したというヤタガラスは、神武天皇を困難から救い、大和平定に導いた神話的存在として語られている。ロンドン塔の大ガラスの伝説も、ヤタガラスのように、王国の起源神話として解読できるかもしれない。

エリザベス女王戴冠式の大画面

大ガラスを見ながら、ホワイト・タワーの背後に回ると、イングランド王の宝物庫、ジュエル・ハウスがある。ここでは世界最大のダイヤモンド「アフリカの星」をはめ込んだ王笏《おうしゃく》や、「第二のアフリカの星」で装飾された王冠などが見られるというので、いつも長い列ができる。辛抱強く待って中に入ると、通路が蛇行し、壁面いっぱいの大画面を見ながら、ダイヤモンドの展示室に誘導される。これはなかなかの演出効果だ。

この大画面が、エリザベス女王の戴冠式を映し出しているのである。いったい何千人の人がいるのだろうか。ワーワーという声が前からも後ろからも聞こえてくる。ウェストミンスター寺院には王侯貴族たちが威儀を正して参列している。赤と白と金色の衣装で彩られた寺院の内陣の一点に、張り詰めた静けさが流れる。二人の主教が中央の王座の両脇に控える。金色のガウンを着た大主教が、証聖王《しょうせいおう》エドワードの王冠を捧げ持って、王座の前に進む。まるでその時だけ時間の進みが遅くなったかのように、それをゆっくりと女王の頭上に置いたのである。女王エリザベス二世の誕生だ。ウワーッと大歓声が沸き起こる。参列者は歓喜の「エリザベス女王万歳（Vivat Ragina Elizabetha!）」を連呼している。画面は王冠を戴いた女王からしばらく動かない。

私はその時、女王の椅子を凝視していた。人々の行列から離れて、その椅子を見続けた。背もたれは山型で両脇に棒が付いている。ひじ掛けはスロープになっていて、頑丈そうな作りだ。決して華美でも荘厳でもなく、古びたカシ材の椅子である。この戴冠式の椅子（The Coronation Chair）は、「エドワード王の椅子」と呼ばれるもので、一二九六年にダラムの名大工ウォルターが製作したものだという。七百年間も戴冠式に用いられてきたのだから、中途半端な古さではない。その古ぼけた椅子の足元に、私の興味は向けられていた。

この椅子の脚の間に、ひと抱えもある石がはめ込まれているはずなのだ。実は、戴冠式にまつわる謎とは、戴冠式に用いられる石に関係するのである。それを確かめようと、目を凝らして画面を探した。椅子の下を見ようとするが、女王の衣装と二人の主教の陰になって見えない。結局、そこにあるはずの王座の石をスクリーンの中に確認することはできなかった。

一同　スコットランド王、万歳！
マルカム　今はまず諸君のひとりひとりに感謝し、スクーンでの戴冠式に全員をお招きしたい。

これはシェークスピアの名作『マクベス』の最後の場面。悪王マクベスを倒したマルカムは、貴族や兵士に祝福され、スコットランド王に推挙される。スクーン宮殿で戴冠式をしようというのである。かつてのスコットランドの首都パースの郊外にあるスクーンこそは、代々のスコットランド王が戴冠式を行う聖地なのであった。

スコットランドのスクーン宮殿

私は家族と一緒に、一九九四年の夏、スコットランドの首都エディンバラから車で一時間三十分ほど走ったところにあるスクーン宮殿を訪ねた。牧草地の道を抜けたところに、森に囲まれたスクーン宮殿が見えてくる。宮殿の正面のはるか手前には、苔むして崩れかかった古いアーチ型の石門がある。これは防塁でもあったらしく、門の上に兵士数人が警護するスペースもある。門の左前の小さな丘に、細いひだを組み合わせた奇妙な円形の装

ムートの丘から見たスクーン宮殿

飾を戴く、マーキャット・クロスという石造りの円柱が目を引く。一見、丸い円に十字が入ったケルト十字のような石塔だ。背後の森には石棺もあるから、中世の墓地に付属する遺跡かもしれない。

アーチの門の奥に三階建ての宮殿本館が見える。右手には長い回廊が続く。よく手入れされているが、質素な赤っぽい石壁の建物は、こじんまりした印象で、あまり宮殿という感じがしない。押し寄せる外敵を攻撃するための屋上の凹凸だけが、中世の王城をわずかに偲ばせる。その屋根には赤と青の伯爵家の旗が揺れている。スクーン宮殿は、四百年にわたって、マンスフィールド伯爵の住まいになってきたのだった。

そもそもスクーンは、古代ピクト王国の都があったところで、九世紀にスコットランド王ケネス二世によって滅ぼされたが、その後も寺院が建てられ、信仰・議会・法律の中枢機関が置かれていた。エドワード王一世の十三世紀に、イングランドの支配を受けるようになってからは次第にその重要性が薄れ、十六世紀の宗教改革の嵐の中で、スクーン寺院は完全に破壊され、栄光は過去のものとなってしまう。衰退したスクーンは、その後、スコットランド王ジェームズ六世（英国王一世）を助けたマンスフィールド伯爵の先祖であるマレー家のものとなり、一八〇二年、ゴシック様式の宮殿が増築されて現在に至っている。

「スクーンの石」はあった

私は、美しく手入れされた芝生の庭で、「スクーンの石」を探した。その石だけはどうしても見たかった。宮殿右手の長い回廊の前になだらかなムートの丘がある。丘の上は平らになっていて、森と接するところに、一八〇四年に建てられた小さな長老派教会がある。私は教会に向かい合って、腰かけ石がぽつんと置かれている。それがスクーンの石だった。私は囲いでもしてある、見るからに神聖な石だろうと想像していたので、いささか意外な感じがした。近づいてみると、その灰白色の石は、二つの黄色っぽい切り石の上に置かれて

長老派教会前のスクーンの石

いた。横七十センチ、縦四十センチ、厚さ二十センチほどの大きさで、後ろ半分が少し高くなって、鉄の輪の把手が付いている。まわりを見渡すと、目の前に教会の入り口、背後の少し高いところに宮殿が見え、スクーンの石は、ムートの丘のほぼ中心にあることがわかる。この石がスコットランド王の戴冠式に使われたものかと、感激して見つめていた。

宮殿のショップで求めた説明書によれば、このムートの丘は、ピクト王が僧院を置いたため「信仰の丘」とも、また、騎士たちが忠誠の誓いに、ブーツに領地の土をつけて集まるため「長靴の丘」とも呼ばれたという。そのピクト王国を謀略を用いて滅ぼしたのが、先ほどのスコットランド王ケネス・マカルピン（ケネス二世）で、彼こそはこの地に聖なるスクーンの石を持ち込んだ人物だと伝えている。それ以後、代々のスコットランド王は、政治的宗教的な聖地ムートの丘に上り、神聖なスクーンの石を王座として、戴冠式を行うようになったのである。

しかし、一見どこにでもあるようなこの石が、なぜ、王を誕生させる儀式に用いられてきたのだろうか。興味はいよいよ膨らんでいく。説明書には、ベルギー人の祖であるベルガノ族の王の石とか、ピクト人の王家の石とか、あるいはまた、神の祭壇の石とする説などを紹介しているが、どうもはっきりしない。そこで『イギリス祭事・民俗事典』を調べてみると、西暦五〇〇年頃にスコッツ族の王がアイルランドから持ってきたとの言い伝えがあり、イスラエル族の先祖ヤコブが旅の途中に枕とし、天に届く梯子の夢を見たと『創世記』第二十八章に伝える石だという。興味深い伝説だが、これも確証はない。

いずれにしろ、スクーンの石にまつわる伝説は、スコットランド王がこの石を王座として戴冠式を行うようになってからの権威付けであり、一つの起源神話とみることができる。戴冠式とは、王を誕生させる儀式であるから、神秘的で、呪術的な演出を必要とする。スコットランド王の地位は、この即位の石の始源的な力によって保障され、それゆえに絶対的な権威という幻想が生まれるわけである。だから、スクーンの石の起源が、スコットランド王以前に求められたのだ。即位の石が置かれたムートの丘は、古代ピクト王国以来、王権の聖地であり、スコットランドの王権発祥の地として神聖視されてきたのであろう。

のどかに孔雀が歩くムートの丘に立つと、このスクーンの石に座って即位する中世のスコットランド王の戴冠式が目に浮かんでくる。それはもちろん、ロンドン塔の大画面で見たようなイングランド王の盛大な戴冠式とは異なる。マクベスを倒したマルカムが自軍に向かって「スクーンでの戴冠式に全員をお招きしたい」と呼び掛けたように、聖地ムートの丘に騎士たちが集い、この石の上で行われる素朴な戴冠式を私は想像する。そして、スコットランドにくり返された騒乱の歴史が、スクーンの石に自らの運命であるかのように刻まれていることも。

「スクーンの石」は本物ではない

ところが、しばらくしてから目の前のスクーンの石が本物ではないことに気づいた。説明版に、これはスコットランド王が戴冠式を行った石のレプリカだとある。本物の石は、一二九六年にエドワード一世がウェストミンスター寺院に持ち去ったと書いてあるのだ。

そう思ってよく見ると、たしかに角が丸く削られ、表面にも加工の跡が見られる。

イングランドのエドワード一世がスコットランド王国を征服し、スクーンの石を戦利品としたことは事実のようだ。その石はウォルターが作った椅子にはめ込まれ、「エドワード王の椅子」と呼ばれて、イングランド王の戴冠式に使われるようになったわけだ。一方、スコットランドでは一三二九年にロバート一世によって独立が回復されてから、スクーンの地で代々のスコットランド王が戴冠式を行ったが、そこに神聖なスクーンの石はなかった。それ以来、スクーンの石がその運命を握っていたかのように、スクーンもスコットランド王国も次第に力と栄光を失っていく。そしてついに、一六五一年のスコットランド国王チャールズ二世の戴冠式が最後となり、スコットランドはイングランドに統合されていくのである。

スクーンの石を見つめて感傷に浸っていた私は、急に空腹を覚え、宮殿内のレストランに入る。アフタヌーンティーにスコーンは欠かせない。本場のスコーンをぜひ食べたいと思った。私はイギリス人の友人に、スコットランド地方ではスコーンのことを、スクーンと発音すると聞いていた。そこで、「スクーンをください」と注文すると、おばさんがニコッと笑って、「スクーンですね」と言いながら皿にのせてくれた。私たちは、スクーンでおいしいスクーンを食べたのである。妻は帰国してから、スクーン宮殿で買ってきた説明書に載る「マンスフィールド伯爵夫人のお料理ノート」のレシピを参考に、何度もスコーンを作った。結構いける味である。

宮殿内の応接間や回廊に飾られた伯爵家の絵や調度品、陶器などの豪華なコレクションも見て回った。回廊の壁に上皇と天皇の写真を見つけた。上皇は皇太子時代の昭和五十一年に、天皇も皇太子時代の平成三年にこのスクーン宮殿を訪問、カシの木を植樹されている。スクーン宮殿は日本の天皇家ともゆかりがあることを知った。

ウェストミンスター寺院にある本物の石

ロンドンに帰ってからしばらくして、ウェストミンスター寺院に「エドワード王の椅子」を見に行った。もちろん、椅子の脚元にはめ込まれている「スクーンの石」を確かめるためである。ウェストミンスター寺院に入るのは無料だが、内陣の仕切りから先は有料だ。翼廊から回廊に入って行くと、懺悔王エドワード（エドワード一世ではない）の礼拝堂がある。狭い礼拝堂の中の、主祭壇の裏壁の前に、戴冠式の椅子は置いてある。寺院は礼拝堂の主、エドワード王が一〇六五年に建て、二百年後のヘンリー三世（エドワード一世の父）がゴシック様式に改築したという。その裏壁の古さに見事に調和するような椅子の古さである。

近くで見ると、横幅のある大きな椅子だ。金色に輝いていたはずだがいまはすっかり剥げて、黒ずんだ色になっている。この椅子は直立する背もたれが特徴だ。多木浩二著『目

スクーンの石がはめ込まれた
戴冠式の椅子

の隠喩』（一九九二年、青土社）によれば、中世から十六世紀までは椅子の背が直立し、十七世紀頃から傾いた背が現れるという。背が直立する椅子の形に玉座に座る権力者の「儀礼的身体」という意味があるらしい。だとすれば、尖った山型の装飾にもそういった意味があるかもしれない。

背とひじ掛けから伸びた四本の脚は、それぞれライオンの彫刻が支えている。そのライオンと座席の間に二十五センチほどの空間があり、そこにぴったりと「スクーンの石」が納まっている。石の形はムートの丘の石より厚い。色はやや濃い灰色で、鉄の輪の把手が横に付いている。横から見ると、逆台形になっていて、ごつごつした自然の石に見える。どう見てもこっちのほうが本物という感じだ。しかし、ムートの丘の石は、この石に似せて作ったレプリカではない。この二つの石の形の違いには、ウェストミンスター寺院の椅子に納められた石こそ偽物だと主張するスコットランドの一部の人々の心情が表れているようにも思う。

ともかく、「スクーンの石」をはめ込んだ「エドワード王の椅子」は、十三世紀からずっとイングランド王の戴冠式に用いられてきた。スコットランド王が即位する神聖な石の力によって、イングランドの王権を絶大なものにする意味もあったのだ。「スクーンの石」を本物だと信じているスコットランド人には、イングランドによる征服の象徴として許しがたいものがあったであろう。しかし、現エリザベス女王もその祖先はスコットランド王である。一六〇三年即位のスコットランド王ジェームズ六世はイングランド王ジェームズ一世である。古代の予言の通りである。

古いハサミが鈍くなり
魔法使いの術が効かなくなったとしても
この石のあるところ、どこにあっても
スコットランド人が王位につく

（『スクーン宮殿』）

この言葉は「スクーンの石」の呪的な力への信仰をもっともよく物語っているように思

う。実は、エリザベス女王の戴冠式を控えた一九五〇年、スコットランド人によって、この石がウェストミンスター寺院から盗み出されるという事件が起こった。ほどなく、スコットランド王ロバート一世が独立宣言をしたアーブロウスの町から発見され、女王の戴冠式に無事間に合ったという。そして一九九六年、ようやくその石はスコットランドに返還され、現在はエディンバラ城に保管されている。ただし、戴冠式の時には、その石をスコットランドから持って来て「エドワード王の椅子」の下にはめ込むという条件付きで。

ロンドン塔のスクリーンには、ごうごうという歓声とともにエリザベス女王の戴冠式が映し出されている。私は女王の王座の椅子をじっと見つめながら、ムートの丘にある石と、ウェストミンスター寺院にある「エドワード王の椅子」の石のことを思っていた。王を生み出す「スクーンの石」がたどった数奇な運命と、そこに秘められた謎のことを。

第五章　アボッツ・ブロムリーの鹿の角踊り

イギリス中部の小さな村

イギリスの田舎に伝えられているホーン・ダンス（鹿の角踊り）という伝統的な祭りを見るため、九月十二日（月）、私は朝七時半に車を運転してロンドンの家を出た。高速道路M1を北上してバーミンガムまで行き、今度は田舎道を北に一時間ほど走って、スタフォードシャーのアボッツ・ブロムリーという小さな村を訪ねた。イングランドのちょうど真ん中ぐらいの位置だ。民家は通りに沿って軒を連ねていた。チューダー朝様式の白壁と黒の棟木の家、赤茶の煉瓦造りの家などのコントラストが美しい。民家の外側には農家が点在する。さらにその周辺を牧草地が取り囲み、遠くにニードウッドの森が広がる。中世の村がそのまま残っているような、のどかで美しい風景だ。あのコッツウォルズ（イングランド西部の丘陵地帯に点在する集落）に似た、イギリスの典型的な農村風景である。

通りの中央に古い木造の六角屋根の建物を見つけた。太く角ばった木の柱に屋根がつき、壁はなく、中は二十畳ぐらいの広さ。バタークロスという、かつてマーケットに使ってい

鹿の角踊り開催の看板

た村の中心の建物だ。この日は手作りのビスケットやケーキが並べられ、村人が行き来していた。その近くに駐車した時には、もう十時半になっていた。仮設の案内所に飛び込んで、ホーン・ダンスの予定を聞くと、村に戻ってくるのは午後の三時過ぎということだった。

祭りだというのに人出は少ない。五、六人の村人が道の端にかがんで何かしている。近づいてみると、バケツに集めた二ペンス（三円）硬貨を、一枚一枚路面に並べているのだ。そばを通る人がバケツに硬貨を投げ入れていく。五メートルほど並べると、今度は別の人がそれを拾い集めていく。回収している人が、これを半マイル（約八百メートル）続けるのだと教えてくれた。教会の寄付金がこのぐらい集まったと人々に示している感じなのだ。この変わった慣習では、五十メートルぐらいの間隔で、金額を書いた標識を立てる。それを逆にたどれば、教会に行き着くわけである。

この村のセント・ニコラス教会は、バタークロスのところから小路を入ってすぐ裏にあった。教会の中にも、手作り品のコーナーがあって、ひとりのおばあさんが藁細工を作っていた。イギリスでは収穫祭の頃に麦藁を編んで飾り物を作る。傘や人形といった、いわば民芸品のようなもので、コーンドーリーと呼ばれている。器用に編んでいくのに感心しておばあさんの指先を見つめた。この教会の奥の壁にホーン・ダンスに使う鹿の角をかけて保管する六つの木枠がある。

この古いダンスは、いつの頃からか、角の管理と引き換えに教区教会の寄付金集めに協力するようになったようだ。十八世紀には、祭りの日取りも、クリスマスの時期から聖バルトロマイの祝日（九月四日）の後の月曜日に変わっていったという。その月曜日が九月十二日だった。

村の周辺を散策しているうちに三時になった。村の北にあるバゴット通りのザ・バゴット・アームというレストランの前で、踊りの行列を待った。踊り手たちは北の方からやって来ると聞いていた。通りやレストランの名にとられているバゴット家は、パジェト家、

ホーン・ダンス集団が村にやってくる

ウェールズ家とともにかつての村の有力者で、荘園領主として大きなマナーハウス（領主の館）に住む身分だったのだろう。鹿の角にはこの御三家の紋章が刻まれ、いまでもバゴット家の古い屋敷で踊った後、そこで昼食をする習わしになっているという。御三家、とくにバゴット家は長い間この祭りのパトロンだった。

ホーン・ダンスの一団がやってくる

すると、急に人が増えてきた。もう歩道には百人ぐらいの人があふれている。車から出てくる人、玄関や窓から顔を出す人もいる。時計を見ると、三時二十五分だ。土地の人はみんなホーン・ダンスが来る時間をよく知っているのだ。日本人は私ひとりだけだが、この国の人はたいてい、外来者にニコッと笑いかけて自然に接してくれる。決して無視したり、過剰に意識したりしない。こういうマナーが、田舎の祭りを見に行く私には何よりありがたい。

村はずれの坂道の下の方から、かすかに人々のうねりが見えた。その姿はだんだん大きくなって、踊りの一団が持っている鹿の角まで確認できるようになった。ようやく見られたと、胸が弾む。一列になって左右に蛇行しながら、さらにこちらに近づいてくる。途中で止まってはひとかたまりになって踊っている。アコーディオンの伴奏もはっきり聞こえてくる。

三時四十五分、ずっと待っていたザ・バゴット・アームの前に踊り手の一団が勢ぞろいする。編成は、白っぽい角と黒の角を持つ人がそれぞれ三人ずつ向かい合い、弓矢を持つ少年と木製の馬に跨ってそれを衣装で覆った棒うま（ホビー・ホース）と呼ばれる踊り手が加わる。この八人が二列になる。伴奏はアコーディオンがひとりと、そばにトライアングルの少年が立つ。鹿の枝角は意外に大きく、二本の角は木製の鹿の頭部で固定され、首の部分は支え棒になっている。角の湾曲したところを肩に置き、両手で支え棒を持つのである。だから、踊り手のあごの下に鹿の首、両肩の上に立派な枝角が大きく広がる感じだ（口絵写真参照）。

村の中心で威勢よく踊る

アコーディオンの美しいリズムに合わせて、ホーン・ダンスが始まった。大きな枝角を担いだ踊り手が、その場で前後にステップを踏む。八人が二列になって近づいたり離れたりする。フォークダンスのステップを複雑にした感じだ。入れ替わったりしながら、一列になって円を描くように踊り回る。唄は伴わないが、踊りのステップは軽快だ。交差するときは「ヘイ」と掛け声を発し、ガシャと角が突き合うこともある。踊り手たちはニコニコしながら楽しそうに踊っている。軽快な身のこなしや所作だ。出立ちは茶色のしゃれたチョッキを着て、淡黄色に水玉の地模様の入った膝までの短いズボンに緑のソックス、茶色のベレー帽をか

アコーディオンと少年とマリアン姫

ぶっている。古風なエリザベス朝の衣装である。

マリアン姫と道化役の二人は踊りに加わらない。おなかの突き出た村のおじさんが扮する女装のマリアン姫は、水色の長いスカートと頭に薄いスカーフをつけ、観衆の間を回って歩く。道化は赤と黄色の派手なタイツと大きく切れ込みの入った襟付きの服を着て、とんがり帽子をかぶっている。いかにも窮屈そうに見えるのは、ビール腹のせいか。風船のような牛の膀胱を手に持っている。その膀胱風船で踊り手の尻や、観客の肩などをポンポンたたいて回る。子どもなどは頭をたたかれて喜んでいる。

踊りの間、この二人は集金箱をじゃら

じゃらさせながら、寄付金を募る。観客は五十ペンスや一ポンド（約百六十円）硬貨を入れている。私もうれしくなって三ポンドを投げ込んだ。一カ所で五十ポンドにはなるだろう。ホーン・ダンスは教会の寄付金集めに一役も二役も買っている。フォークダンスのようなリズミカルな曲に合わせて、五分ほど軽快に踊った後、踊り手たちは一列になって、また蛇行しながら行進する。すると、群衆も後を追うように、次の踊りの場所に移動していく。こうしてホーン・ダンスの一団は、アボッツ・ブロムリー村の通りのあちこちで踊った後、この立派な枝角とともに夜の八時過ぎに教会に戻るのである。

現存するイギリス最古の民俗芸能

しかし、この角はどう見てもイングランドの森にいる鹿のものではない。角の先端がグローブのように広がっている。シップマンという人が書いたパンフレット（E. R. Shipman; The Abbots Bromley Horn Dance, 1982）によれば、これはトナカイの枝角で、もっとも大きいものは二十五ポンド（約十一キログラム）、三十九インチ（約一メートル）もあるという。たまたま一本の角が破損した時、バーミンガム大学に依頼して炭素の年代測定をしたところ、西暦一〇六五年、前後八十年までさかのぼれるという結果が出たという。そこで、この角は十世紀頃にスカンジナビアのあたりから、北海、トレント川を通ってスタフォードシャーにもたらされた可能性が強い、とパンフレットでは結論づけている。もちろん、この測定結果からすぐに祭りの開始年代を確定することはできないが、遅くとも十二世紀初めにはすでにホーン・ダンスが行われていたことを、この角は物語っている。

私は実際にこの枝角を持たせてもらったのだが、肩にずしりと重く、角には、赤、青、黒、淡黄色と何度も上塗りされた跡が残っていて、この祭りの古さと人々の伝承の熱意が刻まれているように思った。イギリスの民俗学者チャールズ・カイトリーが「英国内に現存している慣習行事の中で、おそらく最古のもの」(『イギリスの祭事・民俗事典』)とするのもうなずける。

ホーン・ダンスの起源や意義についてはよくわかっていないが、どうもこの村に近いニードウッドの森と関係があるらしい。この森での鹿狩りが認可されたことに由来するとか、鹿狩りの祈願、呪術的儀式として行われたとする見方もある。たしかにウィリアム征服王(在位一〇六六~八七年)以来、イングランドの森は王と貴族の鹿狩りの場であった。特に、森林を独占するジョン王に対して、たまりかねた諸侯たちが、四条にわたる森林の専有権縮小を要求したほどだ(大憲章〈マグナ・カルタ〉、一二一五年)。アボッツ・ブロムリー村では中世以来、ニードウッドの森林管理が任され、鹿などの狩猟権も認められたとする伝承もあるようだ。イギリス最古と言われるこのホーン・ダンスは、ニードウッドの鹿狩りに由来する、勇壮にして華やかな中世風の踊りという姿を留めているのだ。

この中世の民俗を演劇に積極的に取り入れたのは、かのシェークスピアであった。シップマンは、パンフレットの最後のところで、シェークスピア喜劇の代表作『お気に召すまま』に、ホーン・ダンスが採用されていることを紹介している。それは第四幕第二場の鹿狩りの場面である。この喜劇は、弟フリデリクに国を奪われる公爵と娘ロザリンド、そしてデ・ボイス家の兄弟争いで家を出る、ロザリンドの恋人のオーランドーといった人物たちが織りなす話だ。これらの人々が一時的に逃げ込む場所がアーデンの森なのである。男装して森をさまようロザリンドは、ようやく父や恋人と再会し、所領を取り戻した父のもとでめでたく婚礼を挙げるという大団円を迎える。権謀術数が渦巻く貴族の邸宅から森の中に舞台を移して、そこで人々は清らかな心に浄化される。森は復活の力を与える聖域でもあるのだ。

私の目の前で躍動するホーン・ダンスは、たしかにシェークスピア喜劇の鹿狩りの場面そのものであるように思われた。


【追記】
再び訪れたアボッツ・ブロムリー村

二〇一七年十月十四日、私と妻はこのアボッツ・ブロムリーの地にいた。最初に訪れた時から実に二十三年経っていた。ホーン・ダンスの祭りの日には来られなかったが、もう一度ぜひ訪ねて、確認したいことがあった。それは、この村のセント・ニコラス教会にあるはずのあの立派な枝角だ。その角が教会の奥にしっかりと保管されているのかを確認したかったのである。一九九四年九月十二日の祭り当日には、教会の保管場所の木枠には踊り手が持ち出し、枝角はなかった。木枠に収まった角をどうしても見たかったのだ。

今回は車ではなく、鉄道の旅だ。ロンドンのユーストン駅から十時三分発でバーミンガム駅へ、そこで、十一時四九分発のノッティンガム行きの列車に乗り換えて、バートン・アポン・トレント駅で降りる。十二時十分だった。ここまでの運賃が一人七十ポンド（約一万一千円）。そこからは、タクシーでアボッツ・ブロムリーのB&Bマーシュ・ファームまで二十分、二十八ポンド六十セントだったが、運転手に三十ポンド渡す。ようやくたどり着いた時には、午後一時を過ぎていた。

しかし、このマーシュ・ファームはすばらしいB&Bだった。よく手入れされた生垣と薔薇や木、池、東屋などのある庭がすばらしく、胸の赤いロビンがあちこちの枝に止まって美しい声で鳴いている。フィンチ、ブラックバードもたくさんいる。茂った木にはたくさん巣もある。野鳥の楽園のようだ。一目で気に入った。オーナーの奥さんもゆったりと優しく私たちを出迎えてくれた。日本から、それも二十三年ぶりに訪れたと知ると、一層喜んでくれた。部屋は別棟で、屋根裏のベッドルームだったが、バスルームともに広々として清潔で、良く行き届いた、大変心地よい部屋だった。しかも、その名もロビンルーム。一階の居間も自由に使ってよいと言われる。

明日の朝食の時間を確認して、私たちは宿を出た。ここマーシュ・ファームはアボッツ・ブロムリーの西のはずれにあった。村の中心地のバタークロスあたりまでは、歩いて三十分ほどだ。一本道をずっと歩いていけば着く。所々で、牛や馬が草を食べている牧草地を横に見ながら、のどかな田舎道をひたすら歩いていると、シンボルマークの鹿の角の絵が描かれたアボッツ・ブロムリーの標識がひときわ大きく見えた。そこにはBest Kept Village Winnerとも書かれている。これは、前にはなかった。美しく保存された村コンテストでもあったのだろうかと、不思議に思いながら村の中心地のバタークロスに着いた。

さらに東のはずれまで行くと、坂を下りる道になっている。突然、二十三年前、坂の下の方からうねるようにホーン・ダンスの一団が近づいてくる光景がよみがえった。懐かしい。一本の道の両側に整然と立ち並ぶ家々は、庭の木、芝が美しく手入れされている。インフォメーションはなく、小さな食料品店に入って、ホーン・ダンスのパンフレットをもらい、夕食のサンドウィッチを買ってバタークロスまで戻った。

六角形の建物のバタークロスは、柱も六角形だった。さらに、中心にも一本柱があり、そこに、お知らせや案内などが掲示されている。この六角屋根の建物のそばに、村の西の入り口で見たあの標識の文字が書かれたポールを見つけた。BEST KEPT VILLAGE と書かれた時計塔のようなポールだ。その柱には上から歴代の優勝した場所が書かれたプレートが打ち付けられている。一番下のところに、ABBOTS BROMLEY 2017 と書かれたプレートがある。ちょうど私たちが訪れた年にアボッツ・ブロムリー村が選ばれたようだ。むやみな開発や突出した建物を建てたりせずに、昔の村の風物、文化も含めて保存、維持して後世に残そうという運動だ。村中がどこもきれいに手入れされて、工夫されている。家の前の花はもちろん、塀も日本の柴垣のように編み込んだものもある。白壁に黒い棟木のチューダー朝様式の建物もそのままだ。二十三年も経っているのに町並みがそのまま変わらずにあるということに驚く。

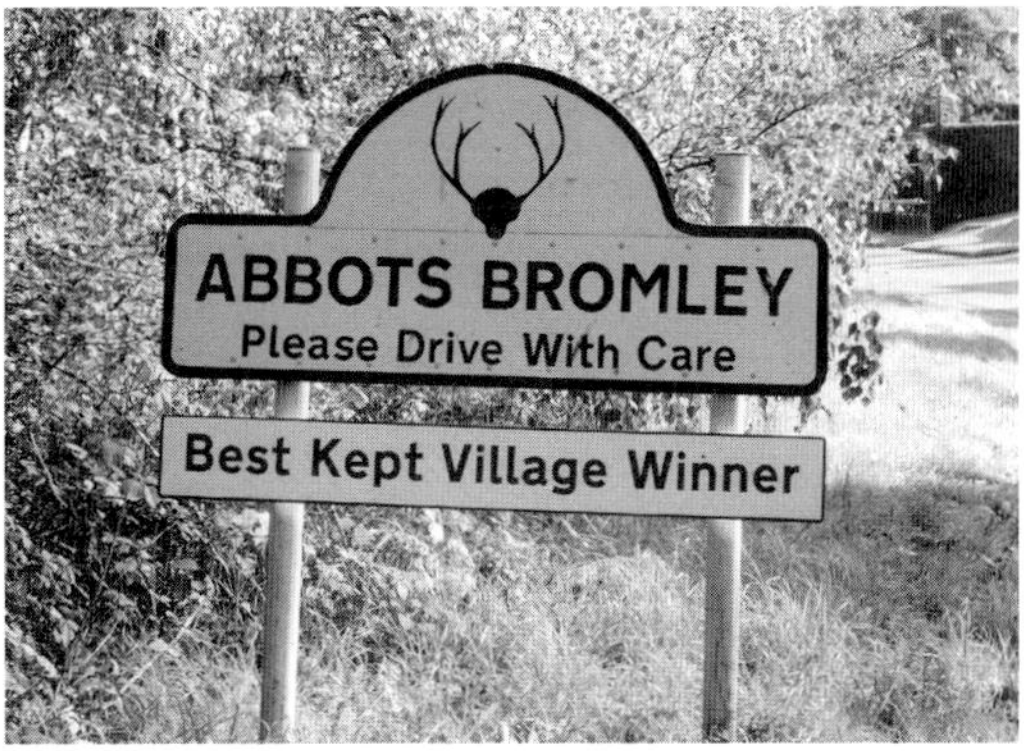

美しい景観の村に選ばれたアボッツ・ブロムリー

教会に保管される鹿の枝角

二十三年前の写真を見て「これ、僕」

ようやく、すぐ裏のセント・ニコラス教会に行った。扉が開くので中に入り、本当に角はあるだろうかと不安に思いながら奥に進むと、木枠に枝角が掛けられていた。やっぱりきちんと保管されていると、うれしくなって写真を撮る。左側に三本、正面に四本。その中にホビー・ホースが掛けてある。左の手前の枝角はひときわ立派で、これは保存されていて、使わないものかもしれない。前に来た時もこれだけは見たような気がする。

外に出て、庭をひと回りしていると、老婦人が歩いていた。話しかけると、人のよさそうな様子で何か言っているが、よくわからない。すると、そこに母と息

23年前の写真を見て思い出話をする

子の二人連れが犬を連れて通りかかり、話に加わった。息子と言っても三十代、母親も六十代という感じだ。妻が前に私が撮ったホーン・ダンスの写真を見せると、懐かしそうに見ていて、突然、「これ、○○おばあさんよ！」と、道にコインを置いている女性の写真を指差して「この方は亡くなった」と教えてくれる。写真のみんなを知っているようだ。すると、今度は息子が驚いて、「これ、僕。こっちは私のグランドマザーだ！」と言った。三人は興奮して勝手に話し始め、二十三年前の村の人たちを写真に見つけては感激している。妻が「彼はイギリスの民俗や古い祭りの本を書こうとしている」と言うと、「それはすばらしい」と喜んでくれた。三人は私たちに握手を求め、別れた。イギリスで初めて自然に相手から求められた握手だった。手には感謝が込められている気がした。

教会の庭から通りに出ると、白壁に黒い木枠をあしらった例のチューダー朝様式の家がある。二十三年前の踊りの場所だ。家の前のペンキを塗っていた男が、ニコニコと笑いかけるので、踊りが最初に行われるというビリスフィールド・ヒルを聞いたら、ここから二、三マイル（約三～五キロ）はあるという。とても歩けない。残念だが、宿に戻ることにした。

翌朝、朝食の時、女主人とその娘さんらしい女性に、私の二十三年前の写真を見せると、そこに写っている人のほとんどがわかるようで、マリアン姫役の人をジェフと呼んでいた。娘さんは、コインを並べていたおばあさんをよく知っているらしく、彼女は亡くなったと言いながら、写真を撮らせて欲しいと、スマホでそのおばあさんの写真を撮っていた。よく写真を持って来てくれたと、とても感謝された。名残惜しかったが、九時半に昨日と同じタクシーが来たので、駅に向かった。一泊朝食付き（それも豪華なバスルームとベッドルーム）、二人で六十五ポンド（約一万円）はあまりにも安く、一層、思い出深い旅となった。

今回は二十三年前の写真が、アボッツ・ブロムリーの人々に懐かしさを与えるとともに、写真の当事者にも会えて、とても幸運だった。教会で会った老婦人は、祭りは変わりなく行われていると言ったが、伝統行事の不変とそれを取り巻く人々の変化が、ここイギリスの田舎にもあるのだと、しみじみ思った。そういえば、パンフレットには、二〇一七年から二〇二一年までのホーン・ダンスの祭りの日程が書かれていた。

第六章　キングスベリー・グリーン小学校と収穫祭

救いの神、ミスター足長おじさん

背の高い校長は、まるで「足長おじさん」のように、にこやかな表情で部屋に入ってきた。私たちは祈るような思いで、小学校五年生の次女の入学を申し出ると、二つ返事で快く許可してくれた。この時の喜びと感謝の気持ちは、いつまでも忘れることはないだろう。

一年間ロンドンで暮らすことになって一番悩んだのは、子どもたちの教育のことだった。現地校に通わせようと思っていた次女の学校は、家の近くにすぐ見つかるだろうと安易に考えていた。中学一年の長男は初めからロンドン日本人学校を考えていたので、高校二年の長女のことだけが難問だった。結局、渡英ぎりぎりに、二年前に在外研究をした友人の助言で、ロンドン郊外の寄宿校に決めた。大変だと思っていた長女は、現地校にすんなり入学が決まり、五月から寄宿する（週末は家に戻るウイークリーボーダー）ことになった。次女のことはあまり心配していなかった。

イギリスに着いて五日目にようやく借家が見つかり、長女と長男の学校も決まって、生活上の戸惑いを除けば、順調な滑り出しだった。バーラという若いインド人の大家はとても親切で、次女は「自分の娘と同じ学校がいい。とてもいい学校だ」と言って、私と妻をその小学校に連れて行ってくれた。「いい学校」というところがひっかかったが、もうそこに通えるものとばかり思っていた。

広い校庭に入ると、きれいな平屋の校舎でシーンとしていた。授業中だった。奥の部屋で女性の校長と二人の女性教員が応対した。バーラは丁寧に説明した。するとその校長は、「定員いっぱいで受け入れられない。それにその子は八月に十二歳になるので、九月から中学校（Secondary School）ですよ」と、彼の言葉をさえぎった。このあたりには日本人が多く、入学してもすぐ帰国してしまうという不満も口にした。「空きがない（No Vacancy）」という言葉が冷たく響いて、私たちはしばらく呆然となった。校庭を出る時、いい学校とは、行儀よく静かに授業を聞くことだとわかった。バーラは大きな体を小さくして詫びた。私たちの帰りを待っていた次女は、断られたことを知って二階の部屋に閉じこもり、夕食の時も下りてこなかった。

困り果てた私たちは、研究仲間の紹介で知り合った、ロンドンに長く住む松村芳之さん（第二部第一章参照）に相談した。彼はすぐにブレント（私たちの住むロンドン北西の行政区）の教育委員会に電話してくれて、翌日にもう一つの小学校の校長と会うことになった。娘

足長おじさんのような校長先生

を連れて学校に行くと、ちょうど下校時で、子どもたちが校舎から勢いよく飛び出してきた。白人も黒人も、インド人や中国人もいる。補聴器をつけた子や車椅子の子もいる。様々な人種の子や障害をもつ子が元気に遊ぶのを見て、私と妻は直感的に、この学校の姿勢に期待と好感をもった。この学校こそがいい学校だと思った。緊張気味の娘も何かホッとした表情をしていた。

校長室に通されてしばらくすると、あの「足長おじさん」のような校長が入ってきたのである。子どもたちは彼をミスター・ヴォーン（Mr. Vaughan）と呼んでいた。見たところ四十代のイギリス人で、大きなジェスチャーで表情豊かに話す。松村さんが「この子は年齢では六年だが、英語ができないし、慣れるまで時間が必要だから一学年下に入れて欲しい」と言ってくれた。校長はすぐに五年生の担任を呼んで紹介した。クラスは男子十六名、女子八名で、インド人を両親にもつ子が十名ともっとも多く、あとはアフリカ人が四名、アジアはマレーシア人など二名、残りの八名がイギリス人だった。

あんなに広い芝生でなぜ遊ばないの？

校長は自ら校内を案内してくれた。生徒を呼び止め、娘の肩に手をかけて、この子を頼むよと言っている様子だった。そのまま三、四人の生徒が娘の手を引いて、どこかへ行ってしまった。子どもたちはすぐに友だちになってしまったようだ。校長は歩きながら、六学年各二クラスに、三、四歳の幼児コース（Infant School）が併設されていると説明した。そして生徒全員の名前を憶えていると事もなげに言った。物語（Story）の部屋の前に来ると、英語やアラビア語や中国語にまじって日本語で書いた子どもたち自作の物語が並んでいた。校長は私に向かって、ぜひ子どもたちに日本のことを教えて欲しいと言った。

これが、娘が四月に五年生として入学し、九月からは六年生として、一年間通ったキングスベリー・グリーン小学校である。グリーンは学校の背後に広がるフライエント公園という草原の丘陵に因んでいる。その名の通り、緑豊かな環境と温かな心をもった小学校という印象だった。

娘は同じクラスに四人の仲良しグループができ、さらに隣のクラスのパトリシアは、父が中国人で母が日本人なので日本語がうまく、よく一緒に登校した。初めの頃、連絡などはパトリシアが通訳してくれた。とはいっても、クラスでは日本語が通じないだろうから、どうしているのだろうと不思議だった。学校への送迎の時に観察してみると（イギリスでは保護者が必ず小学生の送迎をする）、娘は友だちの身振り手振りの英語を理解し、オーケーとかノーと意思表示をしているようだった。授業では一番仲良しのキムというイギリス人の女の子が、わからないところを教えてくれた。キムは娘のもうひとりの先生だった。歴史や化学や文化など、先生が英語で説明する授業はよく理解できなかったと思うが、算数は九九を知っているから真っ先に計算ができた。キムは私に、目を丸くして、「アヤ、ベリー・クイックリー」と報告するのだった。日本人はみんな九九ができるのに。

娘は少し慣れてきた頃、二つの疑問を口にした。一つは、あんなにきれいで広い芝生のグランドでなぜ遊ばないのだろうかということ。これはすぐに判明した。イギリスの芝生は実は湿地のようになっていて、靴がすぐ泥んこになる。イギリス人が犬を連れて芝生を散歩する時、ウェリントンという長靴を愛用するのはそのためである。芝生で遊べるのは

外の芝生で遊べるのは夏だけ

夏のほんの少しの時期だけなのだ。

もう一つは、先生がなぜしょっちゅう生徒を叱り、注意するのかということ。娘いわく、「生徒のための先生なんでしょう」と。娘によると、男の子のささいないたずらに一時間も説教し、ちょっとしたお喋りに「ショシ、ストップ・トーキング・ナウ!」（ショシは日本のシーにあたる）と大声で怒るというのだ。たしかに全校集会でも私語は厳しく注意していた。これは、静粛を旨とするイギリス人のモラルからきている。電車の中でも、大声で話す乗客に対して注意するイギリス人を何度も見かけたことがある。とにかく、公衆の場で順番を守ることと静かにすることは、イギリスの子どもが最初に身につける社会道徳である。小学校ではそれを徹底的に教え、その他ではとても自由にゆったりと教育をしている。娘にとっては、日本のような詰め込み教育でないことがありがたかった。できる子はどんどん進み、そうでない子は基礎的な学習をするという具合に、教室の中の四つのテーブルでそれぞれ自分に合った勉強をしていた。

特に、この小学校では、地理や歴史を通して生徒たちに国際的な教養を身につけさせようとしていた。これはたぶん、両親の出身国が様々だという理由がある。例えば祖国がインドで住んでいるのがイギリスというように、二つの文化をもつバイリンガルなのである。もちろん、彼らはイギリス人として生きているわけだが、それと同じくらい両親の国のアイデンティティを受け継いでいる。だから、イギリスと祖国の関係を学ぶというのは、子どもたちにとって自分の生き方の根本に関わることなのだ。娘は彼らとは事情は異なるが、イギリスと世界の諸国との関係を一年間学ぶことになった。

子どもたちが演ずる収穫祭

それともう一つの特色は、父母を招いて行う学校行事に力を入れていることである。大きな行事としては、音楽会や文化祭、スポーツ祭などがある。なかでも、七月のファン・デー（Fun Day）は、子どもたちの一番の楽しみである。この日は先生も父母も、子どもたちのために出店を開き、ポニーの乗馬やゲームも用意する。妻はサシェというポプリの入った匂い袋を作って売った。売上はみんな学校の教育費になる。ヴォーン校長はカウボーイハットをかぶって、くじ引きとジュース売りをしていた。また、十一月中旬のディ・デー（D. Day）の時は、第二次世界大戦での連合軍の祝勝行事一色になるが、小学校でも戦争と平和というテーマで子どもたちが寸劇を行った。イギリスの伝統行事も行っていた。十一月五日の大かがり火（Bonfire）の行事は、ガイ・ホークス・ナイトといって、花火を打ち鳴らして大騒ぎをする（第一部第七章参照）。

そのような伝統行事の中に、秋の収穫祭があった。十月五日の学校便りにこんな記事が載った。

十月十二日、午後二時より収穫祭（Harvest Festivals）を行います。生ものでない食料品はできるだけ早く、生ものは前日か当日に寄付してください。例年のように、贈り物をする地域のご老人を招待します。招待者を送迎するボランティアが必要です。ご協力をお願いします。

娘はさっそく、缶詰やビスケット、ペットボトルのジュースを持って行った。それぞれ

収穫祭で集まった食料品

のクラスでは、収穫祭を盛り上げるために授業の中でその行事の意味を話し合い、当日行う合唱や劇の練習に励んでいるようだった。学校便りにはバスケットに入った麦の穂、リンゴ・バナナや机の上に並べられたコーンフレイク・パン・バターの絵とともに、父母の出席と協力を依頼するメッセージが印刷されていた。

収穫祭の当日、学校のホールには全校生徒のほか、後ろの席にご老人が約二十人、父母は五十人ぐらい集まった。前方の二つの大きなテーブルには、子どもたちの持ち寄った食べ物が山のように積み上げられている。やはり缶詰類が多く、シリアルのカラフルな箱やジュースなどの飲み物類が飾りつけられ、もう一つに

収穫祭のオープニング

はバナナや果物類が並んでいる。天井から四方に万国旗が吊り下げられ、壁には子どもたちの絵がところ狭しと貼ってある。入り口には、子どもたちが作ったHARVEST SUKKOT（Sukkot はインドの言葉らしい）の大文字が吊り下げられている。

オープニングは生徒全員による合唱で、野菜、果物などを並べ立てて食べ物を讃える内容である。歌い終わると、前方の来賓席にいた初老の夫妻が中央に出てくる。この人はブレント地区の名誉市長で、赤いガウンを着て金色のコインの首飾りをしている。三人の六年生が食べ物を持った幼児を連れて前に行き、名誉市長にその食べ物を渡した。その中のひとりが私の娘だったので、ちゃんとできるのかとハラハラして見ていたが、ひと言ふた言、話して幼児とともに役目を終え、ホッとする。名誉市長は幼児と握手し、感謝の言葉を述べて席に戻る。これは地域の人々へ贈り物をするという儀式なのだろう。

その後、二年生のクラスが「空腹の虎」という劇を演じる。まるでミュージカルの「キャッツ」のように顔にペイントをして登場する。ハムやオレンジやケーキなどに扮する子どもたちが、飢えで死にそうな虎に食べられ、虎の命を救うという内容だ。それが終わると、みんなで収穫祭の歌を合唱する。「偉大なおじいさんが春に野菜を植えてくれたおかげで、秋に収穫してみんなで楽しめる。食べ物を育てる大地に、雨に、太陽に感謝しよう」という歌だ。二番の歌詞は、「私たちは貯蔵庫をスーパーの品で一杯にする。キャベツは冷蔵パックだし、桃は缶詰だ。それでも私たちは収穫の時が来るのが楽しみだ」という内容。加工食品があふれて季節感覚を失った現代社会と収穫祭の関係を皮肉っているようでおもしろい。

次の出し物が六年生の娘のクラスの寸劇である。キムと娘は家庭の主婦の役柄で、バナナと引き換えにお金を渡す場面に登場した。そのセリフがお金をどうぞという時の「ヒァー・ユー・アー（Here you are）」だけで、長いセリフがあるかと期待していなくもなかった私たちは、いささか拍子抜け。あっという間に終わってしまった。これはどうも、イギリスが生産国からバナナを輸入し、それを商人が各家庭に売り歩くという、生産から食卓までの食料品の流通を劇にしたもののようだ。次に三年生の四、五人の生徒が収穫への感謝の言葉を朗読する。最後に、もう一度全員で合唱して終了となった。

当日、ホールに積まれていた食料品は、地域の福祉施設に送られ、大変喜ばれたようである。次の学校便りには、子どもたちの親切な贈り物に感謝する名誉市長の手紙と、当日出席したご老人から、温かく迎えてくれたことや、すばらしい合唱への礼状が掲載されていた。

浴衣を着て、筆で習字

三月になっていよいよ帰国も間近になってきた頃、担任のザマーン先生から娘が一通の手紙を預かってきた。「授業で日本のことを取り上げたいので、助言して欲しい。日本の着物を見せてあげたいので、もしできることなら、それを用意し、明日、学校に来てくれませんか」という文面だった。先生は娘がいる間に日本のことを生徒に学ばせたいと考えていたようだ。ずいぶん急な話だと思ったが、娘がお世話になったお礼にぜひ協力したかった。妻は知り合いから大急ぎで男の子と女の子の浴衣と下駄を借りてきた。私はイギリスの子どもたちに習字をさせてあげようと思って、筆と半紙を用意した。

浴衣を着て日本文化に親しむ

翌日、教室に行くと、子どもたちがうれしそうに待っていた。一年の間にみんな顔見知りになっていた。初めに妻が説明しながら娘に浴衣を着せ、下駄のはき方を教えた。みんな近くに集まってきて、真剣に見ている。仲良しグループのキムやナターシャが着せてもらって、うれしそうな表情をする。背の高いエリカは膝下がむき出しになったが、とても満足している。男の子は浴衣が短く、下駄もうまくはけないので、妙な格好になる。次から次へとみんな着たがり、結局クラス全員が着ることになった。

その後、私が習字を説明する。これが日本の文字（Calligraphy）と言って、みんなの名前を筆で書いてあげる。最初に娘が筆で書いて見せると、みんなが自分も書きたいと言って、筆で自分の名前をひらがなで書く。「きむ」「なたーしゃ」という具合に。なかには下から上に逆に書いたり、点から書き始めたりする。手本を見ながら書くのだが、ほとんどペインティングの感覚。一筆で書くというよりは、塗りつぶすという感じだ。それでもとても興味があるらしく、みんな集中して書いている。ひとりも失敗する子はなく、みんなひらがなの名前を完成させた。

筆で書いた自分の名前、うまい？

最後に、ザマーン先生がそっと自分の名前のメモを私に差し出す。ファーストネームの「ふあはな」を、子どもたちと同じように真剣に書いた。丁寧な字でさすがに一番うまかった。マレーシア人のタクフェイが、優等生らしく几帳面に手本と生徒の書いた作品を床に並べ終わり、一時間の日本についての体験学習は大成功だった。四月にヴォーン校長と日本のことを教えると約束したことが、これでようやく果たせたという思いだった。その日、娘はクラスの友だちからたくさんのサンキュー・カードをもらってきた。

キングスベリー・グリーン小学校との別れの日は、三月三十一日だった。午後、ヴォーン校長はじめ先生たちにお礼の挨拶をし、教室に行くと、子どもたちは別れを惜しんで目を真っ赤にし、娘を囲んですすり泣いている。「アヤとの別れが悲しい（I miss you）」と。最初の日の直感どおり、娘にも親の私たちにも、生涯決して忘れることのない小学校になった。

【追記】

再び訪れたキングスベリー

二〇一七年十月十五日（日）、私と妻は二十三年前、一年間住んだロンドン北西のキングスベリーを訪れた。前日、イングランド中部のアボッツ・ブロムリーに行ったので、十五日は昼過ぎにロンドンのユーストン駅に着いた。大きな荷物を抱えていたので、時間的にはかなりのロスではあったが、この日宿泊するヒースロー空港のヒルトンホテルにチェックインして荷物を置き、地下鉄のピカデリー線でグリーンパークに、そこからジュビリー線でようやくキングスベリー駅に着いた。陽も傾き、夕闇が迫りつつあった。

駅から外に出て右手の方に十分ほど歩くと、娘が通ったキングスベリー・グリーン小学校があるはずだ。大通りからわきに入って、大きな木の並木道を少し行ったところに看板が立っていた。Kingsbury Green Primary School——前にはこんなに立派な看板はなかったと思いながら、その先に行くと校舎が見えてきた。校舎が大きくなって、少し雰囲気が変わったような気がする。車がずいぶん止まっている。夫婦と子どもが集まってきている。日曜日なので、何か行事があるらしい。来る人がみなインド人である。そういえば、駅からここに来るまで街を歩いていた人たちはほとんどがインド人だった。前に住んでいた家の大家がインド人だったように、インド人は多かったが、ほかにもヨーロッパ系や、アジア系、アフリカ系の人など様々だった。いまはインド人社会になっているのかもしれない。人の往来も多く、にぎやかだ。彼らの勤勉さが活気を生み出しているようだ。小学校も人数が多くなって、大きくなったのかもしれない。校舎の中はもちろん、裏の庭も見ることはできなかったが、やはりだいぶ変わったという印象だった。

駅の方に戻り、今度はかつて住んでいた家を見に行った。駅から小学校とは反対方向だ。大通りを挟んで駅の向かい側にあった大手スーパーのセインズベリーは別の店に変わっていた。その代わりに近くにテスコができていた。大きなラウンドアバウト（環状交差点）を渡り、ケントンロードから左に入って少し行くと、三日月形の小道に沿って家が並んでいる。その真ん中あたりの二軒続き（セミデタッチド・ハウス）の左側の家だ。煉瓦造りの建物は変わっていなかったが、家の前にあった庭が完全になくなり、全部舗装されていた。何かとても殺風景な感じがした。あたりが薄暗くもなってきたので、急いで駅に戻った。二人とも黙ったままだった。

昨日訪れたアボッツ・ブロムリーは Best Kept Village だったが、ここキングスベリー界隈は大きく変わった。これが、イギリスにおける都市と地方の違いだろうか。都市は変化を免れないが、イギリスという国は残すべき田舎とともに古い伝統を頑固に守っていくに違いない。

第七章　ガイ・ホークス・ナイトと火だるまの男たち

ガイ・ホークス人形と募金

イギリスでは十一月五日が近づくと町が騒々しくなる。ロンドン北西の郊外にある我が家周辺でも、夜になると庭や家の前の道路からパッと花火が打ち上がり、パンパンと爆竹が鳴る。静寂をこよなく愛するイギリス人なのに、これはいったいどうしたことだろうと不思議に思った。

十月二十六日（水）のことだった。いつものように駅前のスーパーに買い物に行った。駐車場から店に入ろうとすると、乳母車に奇怪な人形を乗せ、小学生の男の子がそばに座っている。骸骨のような人形にはズボンとジャンパーを着せ、つばの広い帽子をかぶせている。この少年が自分の服を着せて作った人形らしい。不気味な顔と服がまったく不似合いで、できそこないのお化けという趣である。胸のところには少年がいつも被っているもう一つの野球帽が裏返しに置いてある。坊主頭の少年は、その会心の作（？）の隣で、黄昏時の人の流れに物欲しそうな視線を向けている。ここにお金を入れて欲しいと言わんば

ガイ・ホークス・ナイトの少年と人形

かりに。人々は少年の意図がすぐにわかるらしく、時折帽子にお金を入れる人もいる。私は少年に近づいてみた。GUY HAWKES（ガイ・ホークス）と無造作に書かれたボール紙が置いてある。私はそれを見て初めて少年の行為が理解できた。

ガイ・ホークスとは、一六〇五年十一月五日、ジェームズ一世を迎えての開院式で、国会議事堂の爆破という陰謀を企てた人物だ。イギリスでは子どもまで知らぬ者はいない。それはカトリック教徒が政権の奪取を狙ったものらしかったが、事は未然に発覚し、大事に至らなかった。しかし結果として、プロテスタント教会への支持と愛国心が逆に強まったことから、議会擁護派がカトリックの反対派議員を失脚させるための二重の陰謀事件だったのではないかとも言われている。事実、その八十三年後の一六八八年十一月五日に、不人気のカトリック王ジェームズ二世に代わって、オランダ総督だったウィリアム三世がイングランド王として迎えられ、オランダから上陸した時に、国民のプロテスタント支持の気運は一層高まったという。その背景には奇々怪々の政治的暗闘が渦巻いているようだが、この事件以来、十一月五日は火薬陰謀事件記念日すなわちガイ・ホークス・ナイト（Guy Hawkes Night）として、教会では礼拝式を行い、それに飽き足らない民衆の間には熱狂的なお祭り騒ぎが広まり、慣習行事となったのである。イギリスでの私の座右の書『イギリス祭事・民俗事典』によれば、この日は各地で大かがり火を焚いて、大人たちはビールを飲みながら大騒ぎをする。一方、子どもたちはガイ・ホークスの人形を作り、唄をうたいながらその日に打ち上げる花火代のカンパを求めて、町を回って歩くと紹介している。

スーパーの前で人形のそばに座っていた少年は、このガイ・ホークス・ナイトのために、花火代を手に入れようとしていたのだ。私は人形を指差し、「これはガイ・ホークスか」と話しかける。「うん」とうなずく。彼の努力に報いてあげたいと、ポケットから無造作に小銭を取り出し、帽子に入れてあげた。少年にとっては初めての一ポンド硬貨（約百六十円）が加わって、とてもうれしそうだった。

十一月に入ると、待ちきれなくて、あちこちで花火が上がる。夜の十時頃まで、我が家の居間からもヘッジと呼ばれる庭の境の木立越しに花火が見えたりする。あの少年も大きな花火を買って、どこかで打ち上げているに違いない。

この頃、私は英会話サークルに入っていたのだが、五十代の女性の教師に、ガイ・ホークスについて聞いてみた。すると、彼女はすぐに「ああ、それ」と言って、うたい始めたのである。

Remember, Remember, The 5th of November, Gunpowder, Treason, and Plot.
（忘れるな、忘れるな。十一月五日を。火薬と反逆と陰謀を）

俗謡のような調子で早口でうたったので、私はもう一度聞き直して急いでメモした。彼女は子どもの頃に、この唄をうたって「Penney for the Guy（ガイのために小銭を）」と呼びかけ、募金を求めたそうだ。『イギリス祭事・民俗事典』に、この慣習行事では子どもたちが唄をうたって小銭をもらい歩くと書いてあったが、子どもたちのうたうガイ・ホークスの唄がこれだったのだ。ガイ・ホークスの陰謀事件は、こうして唄にもなってイギリス国民に長く親しまれてきたのだった。また彼女は、この唄は年配の人が知っているくらいで、いまはあまりうたわなくなったとも言っていた。そういえば、スーパーの前にいたあの少年も、唄はうたわなかった。

悪魔の巨石転がし

十一月五日（土）は、家族でイングランドの西の果てまで行く旅に出かけた。旅の目的の一つは、デヴォン州のオッタリー・セント・メアリーという町で、「タール樽担ぎ（Tar-Barrel Rolling）」という物騒な祭りを見ることだった。ロンドンの家を車で午前八時に出て、十一時にはデヴォン州の州都エクセターに着いた。すぐに案内所を探して祭りの情報を聞き、市内のB＆Bを予約する。幹線道路に面した安宿で、三階のあまりきれいな部屋ではなかったが、家族五人、一泊朝食付きで五十ポンド（約八千円）だから仕方ないと納得する。今晩の宿も決まったし、夜の「タール樽担ぎ」までは時間がたっぷりある。そこで、この地方で同じ日に行われる「悪魔の巨石転がし（Turning the Devil's Stone）」という行事を見に行くことにした。

いったん南下して、ダートムーア国立公園を横切って北上する。ムーアは大地を紫に染めるヒースの灌木で覆われた荒地のことで、名作『嵐が丘』のハワースが有名だが、このダートムーアは深い森もあって、緑に紅葉が交じっている。Ａ382という道路を走ると、湖水地方に似た美しい村が点在し、紅葉のモザイク模様の中を縫っていく感じだ。山の道になっても、丘陵の斜面には別荘のような民家がぽつんぽつんと建っている。アガサ・クリスティの、ダート・ムーアを舞台にした『スタイルズ荘の怪事件』を思い出しながら、その風景の中を走った。

午後四時過ぎに、シェビアという丘の上の小さな村に着いた。どこの村でも見られるように、中心に教会がある。そのセント・マイケル教会の前の広場にすべての道が集まるようになっている。広場に面して、ザ・デヴィルズ・ストーンというパブを兼ねた宿屋がある。大石の上に小悪魔を描いた壁の絵がおもしろい。薄暗くなりかけた中で、店の前で若夫婦が子ども三、四人と豚一頭を丸ごと焼いている。夜の行事のためのご馳走だろう。いろいろ聞いても、若夫婦は「悪魔の巨石転がし」は八時頃から始まると教えてくれただけで、その行事の見学をあまり歓迎している様子ではない。村人だけの行事として行われているのだろう。

「悪魔の巨石」は教会の前の、カシの大木の下にあった。大人が三人座れるぐらいの丸い石で、巨石というほどの大きさではない。今夜、教会の鐘を合図に、村人が集まってきて、鉄の棒やロープで石を転がすのだそうだ。そうしないと、村は一年間災いに見舞われると伝えている。伝説では悪魔が投げ落とした石のようだが、なぜ十一月五日に転がすの

悪魔の石とカシの大木

かわからない。しかし、ガイ・ホークス・ナイトと関係がないことだけはたしかで、むしろ魔女や悪魔が徘徊すると信じられたハロウィーンの行事に由来するらしい。

また、この石はシェビアを中心に組織されたムート（人民集会）の場所の礎石とも言われている。カシの大木が聳えるこの丘は、スコットランドのスクーン宮殿にあったムートの丘と同じように（第一部第四章参照）、古くから神聖な儀式が行われる場所だったのではないか。そして、この石はその儀式で用いられた聖なる石（「スクーンの石」のように）ではなかったかと想像する。神聖な場所だから、あとからやって来たキリスト教がそこに教会を建てる。そして聖なる石はいつしかその呪力ゆえに恐れの対象となり、キリスト教のもとで奇怪な悪魔の石に転じていったことは容易に考えられる。神聖と怪異の両面性は、民俗社会には普遍的に見られることだ。

悪魔の石のところに三十分はいただろうか。薄暗くもなってきた。「タール樽担ぎ」を見るためには、「石転がし」の方を断念するしかない。せかされるように「悪魔の石」の村を後にした。

タール樽担ぐ男が突進してくる

すっかり暗くなった午後七時頃、再びオッタリー・セント・メアリーに着き、牧草地の仮設駐車場に五ポンド払って車を入れた。無人の駐車場に駐車する時は要注意。料金を払わないと大変なことになる。イギリスに来て初めの頃、無人の駐車場で、料金の払い方がわからず、そのまま止めて出かけて戻ってくると、車のフロントガラスに駐車違反の紙が貼られ、罰金を取られたことがあった。その罰金を払うのも大変だった。イギリスは基本的に路上駐車なので、道路にも駐車料金の機械が所々に設置してある。その機械にコインを入れて出てきた紙（領収書）を車の中の外から見えるところに貼っておかなければいけない。それがないと、見回り人は違反の紙を貼っていくのだ。また、横断歩道（縞模様のゼブラゾーン）は歩行者専用なので、その部分に少しでも車のタイヤがかかっていると、これまた罰金だ。こと車に関してはかなり厳しい。しょっちゅう見回りをしているのだ。というわけで、しっかり五ポンドを払い、安心して車から離れた。

少し歩いてオッター川の橋を渡ると、河川敷には大かがり火が焚かれ、その炎が夜空に舞っている。仮設の遊園地ではメリーゴーランドなどが回っており、照明の強い光があたりに散乱する。若い人たちの音楽や歓声がガンガン聞こえてくる。両側にホット・ドッグの店などが並ぶ道を町中へと人波に押されるようにして進む。メイン・ストリートに出ると、車に乗った仮装行列が通り過ぎる。すでに歩道は見物人であふれている。紺の制服のかっこいい婦警さんに、「タール樽担ぎ」の場所を聞くと、八時から中央広場で始まると教えてくれた。

その広場は横百メートル、縦五十メートルほどの広さで、四本の道が集まる町の中心部だ。そこには群衆が集まり始めていた。仮装行列の最後尾を、五メートルぐらいの火炎を噴出している物騒なトラックが通った。電線を焼き切ってしまうのではないかと思うほどの火柱が上がる。そのたびにゴォーッとすごい音を出すから、群衆から歓声が上がる。物々しい火焔車が去った後、しばらく静かになる。今か今かと待っているが、タール樽はなかなか来ない。ふと気がつくと、広場に人があふれ、動くのも容易でない。妻と子どもたちに、手をつないで離れないよう注意する。群衆は相変わらずビールを飲み、足元で爆竹を打ち鳴らしている。

八時半になった時、北の方からパッと火の粉が上がって群衆の波が揺れた。人々の頭上を炎と黒煙が左右に激しく移動する。広場の端から中央の私たちの方へ炎が動いてくる。近づくかと思うと、また炎が遠くなってぐるぐる回っているように見える。群衆の目は炎の方に一斉に向けられ、ワーワーという声が広場に渦巻いている。

突然、背中を向けていたはずの人垣が、私たちの方に向かって押し寄せて来る。驚きと恐怖の、ものすごい形相だ。ひとかたまりの群衆が建物の方に押されて、バッシャーンという音とともにショーウインドウの大きなガラスが砕け散る。押し寄せてきた人波は、また中央に引いて行く。ホッと緊張がゆるんだ瞬間、バッと人垣が二つに分かれたかと思うと、その空間に、腕を大きく広げて肩に炎の大樽を担いだ男が走り込んできた。すぐ後ろに樽を支えて一緒に走る男がいる。顔は煤と炎で赤黒く光っている。黒く汚れたセーターを着ている。頭には何も被っていない。手には大きな皮のグローブをはめ、燃え上がる樽の両端をつかんでいる。樽の胴の部分に付いたコールタールが焼けて、そこから炎が勢いよく飛び出す。炎が男の首や頭に降りかかり、熱さに我慢できず樽を放り投げる。すると、後ろの男がまた担いで走り回る。走り回るたびに、樽の木枠が激しく燃え上がり、火の粉

火の樽が走り回る

が群衆に飛んでくる。群衆は恐怖で顔が引きつり、逃げ惑う。
ハッと気がつくと、一瞬、厚い人垣が消え、私たちは空間の最前列に押し出された。と、その時、炎を担いだ男が猛然とこちらに向かって来る。樽の半分が燃え上がり、木枠が壊れそうだ。炎の不動明王のように目をカッと見開き、熱さと重さに耐えて前かがみで走って来る。上半身が炎に包まれ、まさに火だるまの男だ。逃げ惑う人波が左右に分かれる。あっ、いけないと思った時、長女だけが反対側の人波に呑み込まれる。子どもたちの服をしっかり握っていたつもりだが、ものすごい力で引き離される。ギャー、ウォーという群衆の恐れおののく声。火だるまの男は人波の間を火の粉をまき散らしながら走り回る。そして暴れ馬のように走り去っていく。それは一瞬の出来事で、再び空間は群衆で埋まる。

私たちは何とか一緒になり、無事を確かめる。妻の顔には煤がかかり、次女のジャンパーはビール臭い。逃げ惑う人々がこぼしたのだ。長男は「目の前の人が顔にビールをかぶってたよ」と笑っている。子どもたちは「チョーおもしろい」と大喜び。恐怖が去った後の安堵感だ。「でも、本当に恐ろしかったね」と興奮冷めやらぬ様子だ。それからは火の樽がこちらに来ることはなく、群衆の向こうの端で黒煙が回っている。火だるまの男たちのパフォーマンスは三十分ほどで終わり、人波が少しずつ橋の方に流れ出す。B＆Bに帰ると、もう十時を少し回っていた。

かがり火祭りに習合したガイ・ホークス・ナイト

「オッタリーのタール樽（The Barrels of Otterry）」というパンフレットによれば、この日は早朝五時半から手打ち花火をバンバン鳴らして始まる。大かがり火の台木は周囲十五メートル、高さ十メートルに及び、祭りの前の週末に家庭の庭のゴミ（落ち葉など）や材木を集めて作る。夕方、それに火をつけるのは祭りの実行委員長の奥さんと決まっている。タール樽担ぎは、午後四時から少年の部の小樽、八時過ぎに大人の男たちの大樽、そして九時過ぎには婦人の部の中樽となっている。少年や婦人も行うとは驚いた。私たちは男たちの樽担ぎを中央広場で見たが、同時に八カ所で行う。それぞれに樽の提供者がいる。町を挙げて大騒ぎをする祭りなのだ。

この盛大なタール樽担ぎは、ガイ・ホークスがイングランド議事堂を吹っ飛ばそうとした火薬樽を模して、お祭り騒ぎに取り入れたものだという。大樽の内側にタールを厚く塗り、これに火をつけるから激しく燃え上がるわけだ。担ぎ手は火を後ろに送るために全力で走り回る。熱くて我慢できなくなると、次の担ぎ手に引き渡す。私たちが見ていた時は、首のあたりまで火が回って、次に渡す余裕がなかったので、地面に投げ出してしまったのだ。この「タール樽担ぎ」は一六八八年、オランダ総督であったウイレム公がイングランドに上陸し、イングランド王ウィリアム三世として迎えられた年を記念して始まったというが、このような行事はここオッタリー・セント・メアリーにしかないようだ。

一方、ガイ・ホークス・ナイトに欠かせない大かがり火は、イングランドで広く行われている。そもそもこのかがり火行事は、ハロウィーンの行事から移されたものと言われている。ハロウィーンは十月の最後の夜に死者の霊や悪霊が家のまわりを徘徊するので、かがり火を焚いてそれを近づけないようにする行事であった。イギリスではハロウィーンが廃れて、今ではアメリカの子どもたちの行事のようになってしまったが、イギリス発祥の祭りである。そのかがり火がガイ・ホークス・ナイトに習合してしまったわけだ。

現在、ハロウィーンはキリスト教が諸聖人の霊を祭る万聖節《ばんせいせつ》の前夜祭として位置づけられるが、起源はケルト民族が新年の前夜、死者の霊や精霊がやってくる日に行っていた祭りであったと『イギリス祭事・民俗事典』は書いている。新年を迎えるために一年最後の日に焚かれるハロウィーンのかがり火は、シェトランド諸島のラーウィックに残る、太陽の復活を願う旧年送りの火祭り（今はアップ・ヘイリ・ア祭〔Up-Helly-Aa〕、ヴァイキング船の炎上とたいまつ行列に変わった）とも通じる。ガイ・ホークス・ナイトの大かがり火には、そのような太陽復活の火祭りの痕跡が刻印されているのだ。


【追記】

イギリスから帰国して二年ほど経った頃、何気なく見たポスターに驚いた。そこには真っ赤に燃えた大松明を担ぐ男たちの姿が大写しになっていた。これ、オッタリーの「タール樽担ぎ」だと水浸しの顔に見入った。それは広島県福山市鞆町《ともちょう》の沼名前《ぬなくま》神社の「お手火祭り」と呼ばれる神事だった。

その年の七月十二日、私は神社の石段の下にいた。暗くなった頃、少年たちが打ち鳴らす太鼓の音を合図に、三体の大手火に神火が移される。大手火と呼ばれる松明は油分が豊

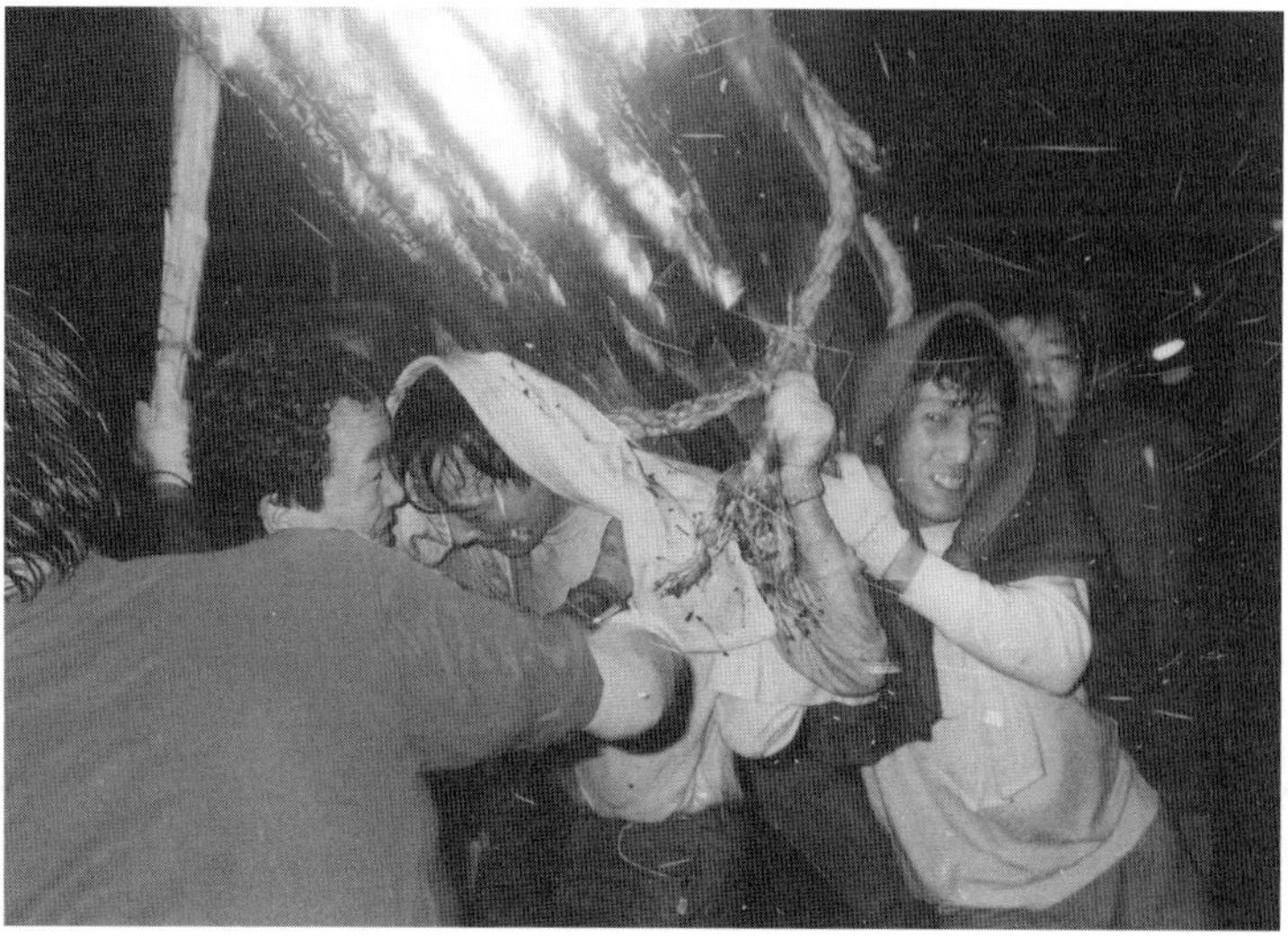

燃えさかる大手火を担ぐ氏子衆

富な松の木を束ねたものだが、長さが四メートルに直径一メートル余り、重さはなんと百五十キロ以上あるという。よく見ると、竹片でまわりを固め、神木の天木香樹《むろのき》も含むらしい。

当番の三町の氏子衆がぼうぼうと燃えさかる大手火を担ぎ上げ、四十五段の石段を拝殿に向かって左右にうねり、進んでは下がり、また上っていく。三つの大きな火を励ます歓声。七、八人の担ぎ手の先頭はタオルを被った頭のすぐ上が炎だ。水浸しの頭に火の粉と煤が落ちる。必死というより、何かに取り憑かれた形相だ。一進一退の末に、一時間もかかって、ついに大手火を拝殿前の横木に立てかける。

群衆が興奮から覚め、静かな夜にもどると、人々は焦げ残った木片を持ち帰り、家門に掲げて厄除けの護符とする。

オッタリーの「タール樽担ぎ」は祝祭で、福山市の「お手火祭り」は神事だという違いはある。でも、その根底には互いに聖なる火の力への祈りがあると、私は興奮のさなかにあってその共通性を実感していた。

第八章　金《きん》　枝《し》

イギリスのクリスマスとヤドリギ

イギリスでは、クリスマスが近くなると、店先に様々な意匠のクリスマスカードが一斉に並び始める。図柄は多種多様だが、モミの木のツリーや赤い実のヒイラギ、冬の庭にやって来る愛らしいコマドリ、そして、それらに添えられるのがミスルトウ（Mistletoe）、ヤドリギだ。ヨーロッパでは、白い実のセイヨウヤドリギをクリスマスの飾りつけにする習慣があるという。部屋の入り口などに吊すのだ。知り合いに尋ねると、「ミスルトウの下では女性に自由にキスしてもよいことになってるんだよ」といたずらっぽい笑いを浮かべて教えてくれた。

クリスマスが近づいた十二月の中旬、駅前通りの花屋で、ヒイラギやトーヒの枝、シクラメンの鉢などと一緒に、箱に無造作に入れたひとかたまりのヤドリギを見つけた。一枝が一ポンド（約百六十円）。シクラメンの鉢が一ポンド五十ペンスだから、結構高い。この時期、ヤドリギは町のあちこちで売られている。八百屋では軒先に、大きな駅の改札口近

部屋の天井に吊したヤドリギ

くでは露店の花屋がこの時とばかりにヤドリギを売り出す。私も通りすがりの店で三本を二ポンドで買ってきて、家の玄関の内扉の上に吊した。

　手に取ってよく観察すると、セイヨウヤドリギは、一本の枝から四、五本に枝分かれし、枝先に羽子板の羽根のような二枚の葉が対生している。全体の長さは三十～四十センチくらい。葉はややそり加減で厚い。分枝の付け根に一、二個の真珠のような白い実がつく。枝葉のかすかに金粉がふいたような黄緑色と、かわいらしい白い実が絶妙なコントラストをなす。わずかに抹香の匂いもする。

　しかし、ヤドリギが、なぜクリスマスに登場するのか。

ターナーの絵、「金枝」の暗示

ヤドリギは金枝（The Golden Bough）と呼ばれた。Golden は金色の、Bough は枝。それは、一見金粉がふいたような色からきているが、さらにもっと深い理由があることを、イギリスの人類学者ジェームズ・G・フレイザーが、畢生の名著『金枝篇』で解明した。一八九〇年に初版、一九一四年に十二巻本の決定版、一九二二年に簡約一巻本、さらに晩年の一九三六年には十三巻の完本が出版される。その語数は百三十万語に及ぶというから、生半可な膨大さではない。民族学および民俗学の世界的な古典と言ってよい。書名の The Golden Bough は、神聖なヤドリギの謎を解明するために、この膨大な著書が書かれたことを示している。

冒頭の書き出しは次のようになっている。

Who does not know Turner's picture of the Golden Bough ?
たれかターナー描く「金枝」という絵を知らぬ者があろう。

（永橋卓介訳、一九五一年、岩波文庫）

『金枝篇』の決定版よりもさらに八十年前に、「戦艦テメレール号」「雨・蒸気・速度」

ターナーが描く「金枝」(テート・ブリテン所蔵)
The Golden Baugh 1834 J. M. W. Turner　Photo©Tate

など、イギリスでもっとも有名で愛されている風景画家J・M・W・ターナーによって、同じタイトルの「金枝（The Golden Bough)」という絵が描かれた。この絵はターナー・コレクションを展示するロンドン、テムズ河畔のテート・ギャラリー（現テート・ブリテン）で見られる。いかにも光の画家らしい、全体にぼんやりと輝くような幻想的な絵だ。左側の宮殿の前で、湖に足を浸して立つ上半身裸の女が、右手に鎌を持ち、左手で一本の黄金の枝を高く掲げている。これは、トロイヤの英雄アエネアスが流浪の果てにイタリアに新しいトロイヤを建国する神話で、ウェルギリウス作の叙事詩『アエネーイス（アエネアスの歌)』に基づく。

英雄アエネアスは亡き父の啓示を得るため、黄泉《よみ》の国に赴く。無事生還するには黄金の枝を持って行かなければいけないと巫女《みこ》から教えられる。黄金の枝は聖樹オーク（カシ）に生えたヤドリギで、再生を可能にする呪木であった。ターナーは巫女がアエネアスに黄金の枝を捧げている場面を描いたのだ。

巫女の立つ湖がローマの南にあるネミ湖である。このネミ湖周辺は古代ローマの神話の舞台だ。アリキアの森の女神ディアナに仕える森の王、ネミの祭司は、神殿の森の聖なる木の枝を折り取った後継者の剣にかかって殺される運命にあった。聖なる木はオークで、枝は金枝すなわちヤドリギである。

祭司はなぜ殺されるのか、そしてなぜヤドリギを折り取るのかという疑問を、フレイザーは半生をかけて究明したのだった。つまり、祭司を殺す時、なぜ後継者はヤドリギを折り取らなければならなかったのか。フレイザーはターナーの絵の中に一つの答えがあると直感し、それを証明しようとしたのではないかと私は思う。だからこそ、ターナーの絵のことから書き始めたに違いない。

フレイザー、『金枝篇』の解読

オークとヤドリギを崇拝する信仰は、古代ケルト文化によくみられる。ケルトの最高司祭であるドルイド僧が、オークに生えるヤドリギをもっとも神聖なものとして祭祀に用いたことに、フレイザーは注目する。

　彼らはヤドリギを「万能の治癒者」と呼び、癇癪や腫物の薬とし、女が身につけておくと妊娠を促進すると信じていた。また、ドルイド僧は宇宙樹（世界の中心にある大樹）から力を得て、人々に神託を告げる予言者でもあった。宇宙樹はオークであり、オークの生命力がヤドリギに存在する。ドルイドは人々に君臨する力の根源をヤドリギに求めていた。このような古代ケルトのヤドリギ崇拝は、ヨーロッパ各地に広がっていった。

　そしてフレイザーは、北欧のバルドル神話に注目する。バルドルとは、北欧神話の光と善の神で、最高神オーディンとフリッダ女神の息子。バルドルはある日、自分が死ぬ夢を見る。神々はバルドルを傷つけないように、あらゆるものに誓わせる。そこにバルドルを妬む、破壊の火の神ロキがやってきて、一つだけ誓いを立てさせなかったものがあることを聞き出す。それがヤドリギだった。ロキは盲目の神にヤドリギの矢を射させる。その矢はバルドルの体を貫き、彼は大地に倒れて死ぬ。バルドルの亡骸は船に乗せられ、火をかけて海のかなたに送り出される。光の神の死によって、ラグナレク（神々の黄昏）がやってくる。しかし、冬のような世界の終末の後に、新しい太陽が春の大地を復活させ、新たな世界に新たな人類が生まれる。

このバルドル神話を通して、フレイザーはバルドルの生命がヤドリギの中にあることを発見した。ヤドリギはバルドルの生命を保有するゆえに、死に至らしめる武器にもなったと考えた時、ネミの祭司を殺すためになぜヤドリギを折り取ったのかという謎が解明される。祭司の生命もまた、聖樹オークに生えた金枝、ヤドリギの中にあったことになる。祭司もバルドルもオークの化身で、その生命の根源はヤドリギに存在したのだ。

フレイザーはヤドリギがなぜ金枝と呼ばれたのかという理由についても考察する。切り取られたヤドリギが次第に金色を帯びてくることにも由来しているが、もっと本質的な問題として、金色のヤドリギを太陽の光の放射とみなした。ヤドリギが金枝と呼ばれた理由には、生命力の根源、太陽の光の象徴、再生復活の呪力という観念があった。

つまり、ネミの祭司とバルドルの死は、その魂の宿っているヤドリギが折り取られたことによるし、光の神バルドルは太陽の光を象徴するヤドリギと同一視された。また、アエネアスの冥界からの生還やバルドル死後の新しい世界の到来は、ヤドリギの再生復活の呪力によるものと考えられた。

フレイザーは、ターナーの絵の中の巫女が頭上にかざす金枝こそ、再生復活のシンボルを意味していると解明したのだ。

ウェールズにおけるヤドリギの民俗

冬のオークが葉をすべて落とした枝に、生き生きと緑の葉をつけているヤドリギは、それだけで神秘な力を感じさせたであろう。春の生命力と太陽の復活を祈って常緑のヤドリギを飾る習慣は、キリスト教のクリスマス行事に結びついて現代まで続いてきたのだ。

私はオークに生えるヤドリギを実際に見たいと思っていた。が、オークが林立する公園などで探してもなかなか見つけられなかった。聖なる枝に出会うことはほとんどあきらめかけていた。

十二月三十一日（土）、私はマリ・ルイドという新年祝いの民俗行事（第一部第九章参照）を見るために、中部ウェールズのスランウルティド・ウェルスという、人口約六百人の山間の村を訪ねた。宿は村の中心部にある二階建てのナイアズ・アームス・ホテル。暖炉が赤々と燃える広い居間に入ると、驚いたことに、天井のしゃれた電灯にヤドリギの一枝が吊してあった。

夕食までたっぷり時間があったので、町中に古本屋が並んでいることで有名なヘイ・オン・ワイまで遠出することにした。カンブリアの風景を楽しみながら車を走らせていると、道のそばに若いオークの木立があり、すっかり葉の落ちた枝の上の方が、所々丸く黒っぽくなっている。あっ、これだ、と思わず声を上げた。日が暮れかかった空に、ふわりと丸い輪郭のヤドリギを透かして見ると、白い実は確認できないが、常緑の葉が密集して不思議と生き生きしている。六個のかたまりを数えて、念願は叶った。

ヤドリギを見つけて感激しながらホテルに戻った私は、このホテルでヤドリギを新年のために飾っていることは、案外重要なことではないかと思った。ヤドリギの再生力は、クリスマスよりも、年の更新に結びつくのが自然だと考えられるからだ。

ジャック・ブロス著『世界樹木神話』（藤井史郎・藤田尊潮・善本孝訳、一九九五年、八坂書房）には、ヤドリギが新年の始まりに結びついていることを紹介している。フランス各地に残っている新年のヤドリギの習慣では、サン・シルベストル（十二月三十一日）に、新年が始まる瞬間である真夜中の十二時になると、たくさんの実をつけたヤドリギの下で新年の挨拶を交わすのだという。この時、年下の者が年長者にヤドリギと挨拶を捧げ、年長者は贈り物を与えるのだが、その時の言葉が「新年おめでとう。新年のヤドリギをおくれ」であるというのだ。

ウェールズはイングランドとは違った文化を残している。それは、キリスト教以前のケルト文化の伝統を引き継ぐものだとよく言われる。例えば、毎年八月一日に行われるウェールズ芸術祭には、古代ケルト宗教さながらに、最高司祭のドルイド僧が登場し、その年

ブッシェイ公園のオークに生えたヤドリギ

の最高詩人に栄誉を与える儀式を執り行う（第一部第二章参照）。この祭典からもわかるように、ウェールズではケルト文化の伝統を大切に保存してきた。マリ・ルイドも、イングランドにはない新年の行事である。このホテルで見た新年のヤドリギの習慣もまた、キリスト教のクリスマス以前の名残を留め、むしろ、フランスの新年の習慣につながる。ヤドリギは、新たな年の誕生を祝う再生復活のシンボルなのだ。

翌朝までにロンドンに戻らなければならない私は、深夜、小雪の中を帰途についた。車が村の教会まで来た時、十二時を告げる鐘が鳴り響いた。今頃ホテルのヤドリギの下では、宿泊客に村人も加わって、濃いビールを飲みながら新年の挨拶を交わしているに違いない。「新年のヤドリギをおくれ」と言っているかもしれないなどと思いを馳せた。

ヤドリギは、一回見つけてしまうと、不思議なもので、ロンドンでいくつも見ることができた。もっとも見事だったのは、ロンドンの南、ヘンリー八世が住んだハンプトン・コートの北側にあるブッシェイ公園のものだった。オークの大木が十数本も連なっている枝先に、大小の丸いかたまりが、これまた十数個あった。黄緑の葉のかたまりが、青空に照り映えていた。

日本古代のヤドリギ

日本のヤドリギの古名は、平安時代中期に源順が編んだ漢和辞書『倭名類聚抄《わみょうるいじゅしょう》』に出てくる。「寄生」の字に「和名、夜止里木《やどりぎ》、一云保夜《ほや》」とあり、ヤドリギをホヤとも言ったことがわかる。「寄生」は中国の書き方で、大木に宿る木という和名ヤドリギは、中国の「寄生」に意味が近い。だが、ホヤは日本固有の古語だ。

『倭名類聚抄』よりも少し前にできた『延喜式《えんぎしき》』という、平安時代の儀式・制度などの規定を書いた書物には「践祚大嘗祭《せんそだいじょうさい》の供神《ぐしん》の料《りょう》」つまり、天皇の即位式で神にお供えをする品物として、

桧葉《ひのきのは》・真木葉《まきのは》各《おのおの》五擔《たん》、弓弦葉《ゆづるは》・寄生《やどりぎ》各十擔、真前葛《まさきのかづら》・日蔭《ひかげ》・山孫組《やまひこくみ》各三擔、山橘《やまたち》子《ばな》・袁等賣草《をとめぐさ》各二擔、已上《いじょう》九種は畿内の進《たてまつ》る所。

とある。ここにもヤドリギが出てくる。即位礼という天皇一代一度の重大で厳粛な儀式に、ヤドリギは畿内のどこかの地方から十束納められた。それは、常緑の栄える枝として、とりわけ神聖なものと見なされ、大嘗祭の神前に供えられたのである。

同じ頃にできた『本草和名《ほんぞうわみょう》』には、「桑上寄生は木精なり」とあり、その和名としてクワノキノホヤとある。

日本のヤドリギは一般的にはケヤキ・エノキ・サクラ・ミズナラなどの落葉広葉樹にできるが、特に桑の木のものが尊重された。漢方では「桑寄生《そうきせい》」と称し、煎じて飲めば、腰痛・筋肉痛などに利くという。桑上寄生は薬用植物として貴重だったのだ。ヨーロッパでは現在も血圧降下剤として使用されているという。ケルトのドルイド僧もヤドリギを薬として用いた。薬用としてのヤドリギは、ヨーロッパだけでなく、中国、日本でも見られる普遍的なものだ。

では、ヤドリギ崇拝を最初に和歌に詠んだ人は誰か。『万葉集』の大伴家持である。

天平勝宝二年正月二日、国庁にして饗《あへ》を諸の郡司《ぐんじら》等に給ふ宴の歌一首

あしひきの山の木末《こぬれ》のほよ取りてかざしつらくは千歳寿《ちとせほ》くとそ　（18・四一三六）

天平勝宝二（七五〇）年の正月は、家持三十三歳、越中国守になって四回目になる。家持が越中国庁（高岡市伏木一宮）で諸郡の役人たちを集めた宴席での作だ。儀礼的な挨拶歌だが、「ほよ」の歌は『万葉集』にこの一首しかない。挿頭《かざし》にするのは普通、黄葉・柳・萩などが多い。それを家持は、「山の梢のヤドリギを折り取ってきて髪に挿すのは、千年の命を祝ってのことだよ」とうたった。生命力の強いヤドリギを身につけて長寿を得ようと予祝しているのだ。いかにも正月にふさわしい、めでたい歌である。

さらに、ヤドリギではなく、ホヨと詠んでいる。ホは「真秀《まほ》ろば」や「稲穂」のホと同じで、神霊が依り憑く場所や穀霊が依り憑いて実るところを指す。「秀」「穂」そしてきざしを意味する「兆」もすべて、神が依り憑いて霊力のこもるところ、あるいはその状態を示す。ヨ、ヤは細長い形を表している。ヨは「枝」であり、ヤは「矢」に具体化できる。だから、ホヨ・ホヤは神の依り憑く霊力のこもる枝という意味になる。ヤドリギと詠むよりはずっと呪力を感じさせる語だ。家持のヤドリギの歌の背景には、ヤドリギが年を更新

させる力とともに、人々の心身を活性化する働きをもつと信じられていたのだ。やはり日本古代でも、ヤドリギは呪力のこもった神聖な枝として崇拝されていた。

こうして、ヨーロッパのヤドリギ崇拝に再生復活のシンボルを見出し、ウェールズでは新年にヤドリギを飾る習慣を見、そして、家持が詠んだ『万葉集』のヤドリギの歌に生命力の再生復活を祈願するのを見てきた。

それにしても、ヨーロッパのヤドリギ崇拝と家持歌のホヨ（ヤドリギ）のなんと近いことか。地域や民族や文化の違いはあっても、人間の営みの根源には共通するものがあることをあらためて思う。

第九章　新年の葦毛《あしげ》うま

マリ・ルイドの情報がない

十二月三十日（金）、私は新年を祝うマリ・ルイド（Mari Lwyd）を見に行った。この行事はイギリス西部のウェールズにだけ伝わっている。『イギリス祭事・民俗事典』によれば、マリ・ルイドとは、ウェールズ語で葦毛《あしげ》の雌うまを指す。実物の馬の頭骨に白布を掛け、その中にひとりの男が入る。クリスマスから新年にかけて、この葦毛うまを引き回し、村の家々を祝って歩く、南ウェールズ地方の民俗行事である。

葦毛うまの同行者には、馬方や道化師、パンチとジュディ（十七世紀に始まる人形劇のキャラクターで、現在もコヴェントガーデンなどで上演される）という夫婦がいる。一行は戸口の前で家人と即興の歌問答を交わし、返歌に窮した家人が家の中に引き入れることになっている。家の中で葦毛うまは家人に噛みつき、パンチは女性にキスをして大騒ぎ。最後に酒食をふるまわれて新年の祝い歌をうたい、次の家へと移っていく。今はグラモーガン州のスランガンウィドに残っていると書いてある。

イギリスではクリスマスは盛大だが、新年の行事はむしろ珍しい。私は、早速、ロンドン中心地のピカデリーにあるブリティッシュ・トラベルセンターに行った。ここに行けばたいていのことがわかった。いつものように、係員がすぐ探してくれたが、この時はいくら探しても、スランガンウィドにマリ・ルイドの情報がない。現地に電話を入れてくれたのだが、それでもまったくわからない。パソコンで調べると、マリ・ルイドは中部ウェールズのスランウルティィッド・ウェルス（Llanwrtyd Wells）で行われており、ゴードン・グリーンさんがその責任者だということだった。しかし、私は南部と中部では場所が全然違うので気になった。いつも的確な情報をくれるトラベルセンターで、こんなことは初めてだった。

ちょうどその頃、ウェールズ大学カーディフ校に日本研究の講師として着任したばかりのマーク・テーウェンさんと知り合った。彼は日本宗教史を専攻し、伊勢神道の研究でオランダのライデン大学にPh.D.（博士号）を申請中だった。私がロンドン滞在中の一九九四年八月にコペンハーゲンで開催されたヨーロッパ日本研究学会で話をしたのがきっかけで、翌年にライデン大学に私を招待してくれたボート教授の教え子だった。そのボート教授を介して知り合ったのだった。

ウェールズに住むマークさんからの誘い

私はカーディフに住むマークさんに、マリ・ルイドのことを聞いてみた。彼は知らなかったが、すぐ調べてくれた。彼の上司で、ウェールズ出身の日本語学科長がこの祭りのことをよく知っていたが、今もやっているのかわからないと言っていたという。彼はゴードン・グリーンさんに電話して、スランウルティッド・ウェルスで十二月三十一日に町なかの二マイルほど家々を回って歩くとの情報を教えてくれた。だが、中部ウェールズに伝わるとは『イギリス祭事・民俗事典』のどこにも書いてないことが不思議だった。マークさんはすぐにまた電話をしてきて、十二月の七、八、九日の三日間、カーディフのウェリッシュ民俗博物館（セント・ファガンズ国立歴史博物館）でマリ・ルイドをやることがわかったので見に来たらどうか、と私を誘った。私は即座にオーケーした。

十二月八日（木）、この時は私ひとりなので、列車で行くことにした。ロンドンのパディントン駅からウェールズの首都カーディフまでは、インターシティという特急列車でちょうど二時間、往復料金が三十一ポンド（約五千円）。駅のホームで買い込んだ熱い紅茶とアップルパイを味わいながら、車窓から見える風景を楽しんだ。イングランドはなだらかな丘陵が続く。畑地と刈り取った後の牧草地と森が、パッチワークのように微妙な色の組み合わせになっている。広大な風景は、どこか北海道に似ている。しばらくすると、セバーン川の長い鉄橋を渡る。ここからがウェールズだ。ウェールズに入った途端、丘陵から山岳の風景に変わる。雨が多くて寒く、気候が厳しいというが、たしかにそんな感じだ。

カーディフの西の郊外にあるウェリッシュ民俗博物館までは、駅からタクシーで十五分くらいだ。広大な敷地に、古くはケルト人の家から十九世紀の貴族の館まで、歴史的な建物が点在する。建物を見ながらゆっくり回るだけで、ウェールズ人の生活史がわかる仕掛けになっている。六軒から成る長屋風のテラスハウスなどは、十九世紀から二十世紀にかけて約三十年ごとに生活様式の変遷を示していておもしろい。ここは隠れた観光スポット、お勧めの場所だ。

ウェリッシュ民俗博物館で実演するマリ・ルイド

マリ・ルイドの行事はウェリッシュ民俗博物館がクリスマスに先立って、敷地内の建物を使って行うイベントの一つとして企画されているようだ。パンフレットを見ると、鍛冶屋では何時に実演、古いチャペルでは何時に合唱などと書いてある。おそらく、いまはもう行われなくなった、あるいは消えかかっているウェールズの多くの行事を、博物館が主催して残していこうという意図なのだろう。マリ・ルイドは一つの建物を民家に見立てて、午後六時から一時間ごとに三回行うとなっていた。早速、六時に指定の家に行ってみた。

ウェリッシュ民俗博物館で実演するマリ・ルイド

あたりはもうすっかり暗くなっている。十数人の見物人が家の前を取り囲んで待っている。

突然、葦毛うまが歌声とともに家の裏から馬方に引かれて登場した。後ろには、麦藁帽にリボンのついた服の男と、白いフリル帽に箒を担いだ女（女装の男）が腕を組み、もうひとり、ハンチングの背の高い男もいる。ドアの前に来ると、またた大声でうたい始めた。いきなり葦毛うまが、二、三十人に増えていた観客に向かって、口をガタガタ動かして噛みつこうとする。露出した頭骨の上半分から色とりどりの長短のリボンが垂れる。暴れ回るたびに、それが大きくなびく。下顎に鈴がついているので、これがまた激しく鳴る。観客は大笑いしながらよける。

一方、リボンの男と箒の女が腕を組んで、大声でうたいながら踊り回り、大騒ぎしている。この二人はパンチとジュディらしい。ハンチングの男も一緒に三人でうたっている。歌はすべてウェールズ語だ。どんな意味か、さっぱりわからない。

彼らがうたい終わると、今度は家のドアが開き、中から女の人が三人うたい始める。ボンネット帽子をかぶり、いかにも田舎の主婦という感じだ。同じメロディーで男たちにうたい掛ける。葦毛うまと馬方、そしてパンチとジュディ、ハンチングの男たちは戸口でその歌を聞いている。婦人たちの歌の後、また男たちがうたう。その間、葦毛うまが暴れ、パンチとジュディが腕を組んで踊り回るという動作をくり返す。メロディーは途中で変わるから、二種類あるようだ。なるほど、これが歌問答か、と納得した。

歌の内容はわからないが、相手をやり込めようと悪口めいたこともうたっているらしい。男たちは大声で即興的にうたっている感じだ。家の中の婦人たちは、私はちらっと見てしまったのだが、手元に歌詞を書いた紙きれを持っていた。決まった歌があるようだ。その歌は『イギリス祭事・民俗事典』によれば、グラモーガン州ではまず葦毛うまの一行が、
さてここに、伺いました葦毛うま

中にお出での皆様と
歌問答を交わすため

と前口上をうたい掛けると、家人が中から、

ではどうぞ、伺いましょう早速に
お連れの方の人数と
そのお名前をひとり残らず

と、答歌で応酬するという。おそらく即興の歌がくり返しうたわれ、家人の方が先に答歌に窮し、歌問答に負けることになっているのだ。勝った葦毛うまの一行を家の中に招き入れる決まりだという。

歌声に気がついた観客が集まってきて、物珍しそうに見ている。男たちは最後の歌が終わった瞬間、ハッピー・ニューイヤーと叫んだ。すると、観客の中から、それに合わせて声が飛んだ。このようにして新年を祝うのだとわかった。観客を追い回していた葦毛うまは、ジュディの箒で追い立てられるように家の中に入って、ひと通りの行事が終わった。

うたい交わしをして帰っていく葦毛うま

およそ五分間のうたい交わしだった。

もちろん民俗行事としてのマリ・ルイドは、もっと長く歌を応酬するだろうし、家の中で酒やご馳走をいただき、その家の新年を祝ってうたうという後半部もあるようだから、これとは少し違うはずだ。パンフレットには、カーディフのフォークダンス・グループが二十年来マリ・ルイドを伝承し、歌のレコードもあると書いてある。この日も彼らが演じたのだ。だから、場所や時間の関係で民俗行事そのままでないことは当然だし、彼らのアレンジも加わっているに違いない。しかし、古い祭りや行事を民俗博物館が主催して伝えていることは、とても大切なことだ。こうしてウェールズの古い民俗文化がいくつも同時に見られるのだから。

マリ・ルイドを見て、私はすぐに日本の正月行事を思った。日本で言えば、これは正月の門付けではないかと。馬の首型を頭につけ、家々を回って祝歌をうたって歩く四国の春駒や、東北の山村では小正月になると神楽が訪れてきて、家の庭で獅子舞をしてその家を祝福するのもある。歌問答をして相手をやり込めないと家の中に入れないというのは、歌の掛け合いで優劣を決める歌掛けの文化に通じる。ぶしつけな言葉をぶつけ合うのは、歌の力がここではまだ生きているということだ。

馬の頭骨といい、歌問答といい、これはキリスト教化されていないウェールズ独自の民俗文化だと、私はますます興味をふくらませてロンドンに戻った。十二月三十一日にスランウルティッド・ウェルスの町で行うというマリ・ルイドをぜひとも見たいと思った。マークさんも家族を連れて一緒に見たいと言って、その町のナィアズ・アーム・ホテルを予約してくれた。

ウェリッシュ民俗博物館めぐり

十二月二十八日（水）、こんどは家族五人、車でウェールズに行った。イギリスは高速料金が無料で、ガソリンも安いから、家族一緒の時は何といっても車だ。カップラーメンとおにぎりを持って朝早く家を出る。安上がりで、時間も有効に使える。これが我が家の旅行スタイルだ。ロンドンからカーディフまでは二時間半で行く。

カーディフ周辺で乗馬を楽しんだり、キャスル・コッホ（赤い城）という森の中の小さな城にも行った。城の中の売店で、マリ・ルイドのカードを見つけた。絵には、葦毛うまと杖を持った馬方にパンチとジュディ、そしてヴァイオリン弾きが描かれている。

ウェリッシュ民俗博物館を訪れた。十二月八日の時には博物館の展示を見られなかったから、もう一度行きたいと思っていた。子どもたちは広い敷地の中を古い建物を探しながら楽しそうに歩き回った。

博物館のギャラリーにも、衣装、農具、楽器などが展示されている。その中に、人の背丈ほどもある剣があった。私は八月のウェールズ芸術祭（第一部第二章参照）で、大司祭ドルイドがその剣を用いるところを見た。大司祭は最優秀の詩人に栄誉の椅子を与える時、この宝剣を抜いて人々に平和を誓わせた。ケルト人の血を引くウェールズの人々には、ケルト文化への強いこだわりがあるように見える。自分たちのアイデンティティを大切にしているのだ。

隣の民俗コーナーのガラスケースにマリ・ルイドが展示されていた。白布で覆った馬の頭骨を赤や黄や黒のリボンで飾り、目はガラス玉で、耳は茶色の布。口元に手綱があり、下顎に木の支え棒がついていて、その操作で口が開閉できるようになっている。歯がむき出しで、しかも目のガラス玉が妙にリアルだから、一瞬ギヨッとする。もちろんこれは展示用の複製で、実際に使ったものではない。

こうして内と外を見るには、たっぷり一日はかかる。我々日本人はゆっくり時間をかけて見るというのが苦手だが、イギリス人は急がず、慌てず、忍耐強く見る。これはスーパーマーケットで順番を待つ時でも同じだ。レジのおばさんが長いおしゃべりを始めても、列を乱さず、じっと待つ。駅や案内所、トイレなどでも同じ。イギリスを代表するスポーツのクリケットの試合は、何日間もかけてようやく勝負がつくという悠長さ。大らかにゆったりと構えている。このような精神は車の運転にも現れる。必ず相手に道を譲るというマナーがイギリスにはある。

幸運にもレッド・カイトを観察

十二月三十日、午後四時にカーディフを出発して、私たちは中部ウェールズのスランウルティッド・ウェルスに向かった。M４という高速道路を下りて、暗くなった国道をひたすら北上する。道が細くなって、両側が柴垣のように根元までびっしりと灌木の壁になっている。羊が道に出ないようにするためだ。二時間走り続けて、道路脇に車を止め、道を聞こうとしてふと見上げると、何とそこが目指すナィアズ・アーム・ホテルだった。

居間に入ると、驚いたことに、電灯にミスルトウ（ヤドリギ）が一枝下げてあった（第一部第八章参照）。チェックインする時、前にトラベルセンターのパソコン情報で知ったマリ・ルイドの責任者というゴードン・グリーンさんが出てきた。このホテルの主人だったのだ。夕食の時に、マークさんたちと再会を喜び合った。オランダからフェリーを使って車で来たという彼の両親も一緒だ。

スランウルティッド・ウェルスは、人口六百人のイギリスでもっとも小さな町、とホテルのパンフレットに書いてある。ここには自然の中を散策する人々が泊りに来るようだ。さらに、イギリスではここでしか見られないレッド・カイト（赤トビ）という貴重な野鳥を観察できるのがもう一つの魅力だ。以前はイギリスのどこにでもいたレッド・カイトは、近年七十七ペアが六十三羽のひなを育てるにすぎないほど希少種になってしまったということだ。

私たち家族のもう一つの楽しみが、このレッド・カイトの観察だった。私たちは、自分たちの住む埼玉県鳩山町の面積の二十パーセントがゴルフ場に開発され、すばらしいモミの森や丘陵の雑木林が破壊されるのを見てきた。絶滅が危ぶまれるオオタカの生息地が激減するのを目の当たりにし、ゴルフ場開発反対運動に参加した。埼玉県庁に何度も足を運んで環境の保全を訴える活動をしていた。子どもたちも野鳥観察を通して自然の大切さを理解していたので、激減するレッド・カイトには強い関心があった。

翌朝、双眼鏡とスコープを持って散策に出かけた。イルフォン川沿いの道を登って行った。まずヘロン（アオサギ）とケストレル（チョウゲンボウ）を見つけた。シダが枯れて牛の背のような山が赤っぽい。渓流の木立からはブルーティィッツ（シジュウカラ）の鳴き声が聞こえる。一時間歩いて、教会の前の橋を渡って向こう岸の道を帰ることにした。遠くの山が雪で真っ白だ。ヒバの林からバザード（ノスリ）がふわりと飛んだ。半分ほど戻ったところで、遠くにワシタカ類の姿。カラスにモビング（攻撃）されている。上空に来た時、三味線のバチのような尾羽、両翼に白斑が見えた。レッド・カイトだと叫んで、みんな双眼鏡をのぞく。飛翔しながら、山の端に消えるまでほぼ五分間、息をしなかったのではないかと思うほど興奮する。グリーンさんはレッド・カイトがこの辺りまで餌を捕りに飛んでくるよと教えてはくれたが、まず見られないだろうと思っていた。この幸運な一瞬にみんな大感激し、忘れられない散策となった。

午後は村全体が古本屋街というヘイ・オン・ワイ（Hay-on-Wye）まで一時間ほど遠出した。神田の古本屋街のような町並みが、ロンドンから遠く離れた山の中にあるというのも不思議な感じだ。しかも、たくさんの人が小さな店を出たり入ったりしている。ちょうど

大興奮、絶滅が心配されているレッド・カイトを観察

その頃、マークさんの家族も同じところにいたと、夕食の時に話が出た。バードウォッチングが好きな彼のお父さんに、レッド・カイトのことを話したら、とてもすばらしいと喜んでくれた。

ホテルのオーナーが復活させたマリ・ルイド

グリーンさんはホテルの前に馬の頭骨を置き、重油を入れた缶に火を灯して、夜の十一時からのマリ・ルイドに備えた。午後八時頃から、村の人々がホテルのラウンジに集まってきて、ギターに合わせてうたい始める。十一時になると、ホテルの前の広場は五、六十人ほどの参加者でいっぱいになった。マークさんと私たち家族も、重油を燃やしたトーチを持つ。グリーンさんが出てきて、これからマリ・ルイドを始めますと宣言する。重油の匂いが鼻についた。出発の時、真っ暗な空からひらひらと雪が舞ってきた。

ホテルから白い布をかぶった葦毛うまの男が現れ、町の中に歩き出していった。トーチの煤をよけながら、その後ろを私たちもついて行く。馬方やパンチやジュディはどこにいるのだろう、いつ歌問答をして家に入るのだろうと期待しながらすぐ後ろを歩いて行く。しかし、トーチを持った参加者はいつまでも町なかをぞろぞろ歩くだけだ。こうして冬の町を四十分ほど歩いてホテルに帰ってきた。十キログラムもある頭骨を持つ男は、ニコニコして白い息を弾ませている。さあ、終わった、ホテルでビールでも飲もう、という感じだ。妻や子どもたちは、「えっ、これで終わり」と肩透かしを食った顔。マークさんも気の毒そうに、「ただ歩くだけなんですね」と話しかけてくる。

私はニューイヤー・ウォーキングと、ホテルのパンフレットに書いてあったわけがようやくわかった。もともと、この町にマリ・ルイドがあったのではなくて、十年前にグリーンさんがマリ・ルイドに似せた新年のトーチ・ウォーキングをホテルの呼び物として始めたのだった。私はマリ・ルイドの行事が中部ウェールズにあるという情報に疑問をもったが、やはりそれは南部に伝わる行事だったこともこの時、判明した。歌問答のマリ・ルイ

町を歩くだけのマリ・ルイド

ドは見られなかったが、私たち家族は少しもがっかりしなかった。この旅行ではマークさんの家族と会ったり、レッド・カイトを見たりして、とても楽しかったからだ。

私たちはすぐにロンドンに戻らなければならなかった。翌日の昼の便でイタリア旅行に出かける予定だった。マークさん家族に別れの挨拶をして、雪の中を出発した。車が村の教会まで来た時、十二時を告げる鐘が鳴った。しばらく車を止めて、イギリスでの新年の鐘の音を聞いていた。とその時、目の前を白いものがふわっと横切って、地面近くでホバリングしている。シロフクロウだ。車の前方十メートルぐらいの至近距離だ。降りしきる雪と同じくらい白かった。十秒以上そこにいたが、ゆっくりと前の方に飛び去った。新年の贈り物だ。

その後、マークさんからの連絡で、グラモーガン州のスランガンウィドでは、何人かの老人がマリ・ルイドをかろうじて伝えているが、それも毎年やっているわけではないとのことだった。トラベルセンターの情報がはっきりしなかったわけだ。民俗行事としてのマリ・ルイドはすっかり衰えたということなのだ。

第十章　コーフ・カースルの石工祭り

廃墟の城があるコーフ・カースルの村

一九九五年二月二十八日（火）、ロンドンの家から妻と二人、車でドーセット州のコーフ・カースルに向かう。イギリスの南海岸、港で有名なサザンプトンの近くにある小さな村だ。この村に伝わる大理石工・石工たちの祭り（Marblers' and Stonecutters' Day）を見るのが目的だった。高速道路M３の終点がサザンプトン。そこからA31に入ると、道の両側にまず赤松のような針葉樹が現れ、次にオークの森が広がる。「DEER」と書かれた道路標識のそばに車を止め、しばらくオークの森を眺める。そこはシャーウッドやアーデンなどと並ぶ、イギリスの代表的な森の一つ、ニューフォレストである。広大な森には直径一メートル以上もあるオークが群生し、下草のシダは赤茶けている。樹間が広いのはイギリスのオークの森の特徴だ。その広々とした空間はシカの格好の棲息地となる。「DEER」の道路標識は、シカの事故死が頻発することを示している。

オークの森が途切れると、今度は一面のヒース（紫やピンクの小花をつけ、荒地に生える小低木）の丘が続く。木が遠くにぽつんぽつんと見えるから、かつてのオークの森が造船や建材として皆伐されたのであろう。十七、八世紀、日の没しない国と言われた大英帝国を支えたのは、あのスペイン無敵艦隊を撃破した世界最強の海軍だった。当時、艦船はすべてオーク材で造られ、英海軍の艦船保有量はその一世紀半の間に三十倍以上に達したという。大英帝国時代のオークの森がたどった運命は、想像以上に悲惨だったのだろう。ニューフォレストのオークもこの運命から逃れることはできず、激減したのだ。その後、鋼鉄の船が登場し、オークの需要が去った十九世紀には、針葉樹の植林が盛んに行われた。最初に見えた針葉樹の森は、明らかに植林によるものである。その一方で、植林もされずに荒涼としたヒースの丘が残された。横断する距離がほぼ二十キロにおよぶニューフォレストは、このような針葉樹とオークとヒースの三種のモザイク模様から成っている。それはあたかも大英帝国の消長の歴史模様にも見えてくる。

ボーンマスを過ぎてA31から351を南に入って行くと、ウェアハムの町あたりからパーベック・ヒルズと呼ばれる丘陵地帯が現れる。その一つの丘の上に岩の塊が見えてくる。緑の草原の中で、そこだけが白っぽく、目立つ。近づくと、マウント（小高い丘）の上に巨大な石が円形に並んでいた。これがコーフ・カースルだ。カースルは城の意で、かつての城が今は廃墟となっている。所々崩れ落ちた城壁は、まるでストーン・サークルのように

コーフ・カースルの村から見た城の遺跡（中央の高い建造物）

見える。この城は中世に築かれ、十七世紀の市民戦争（一六四二～五一年）のイングランド内戦で完全に破壊されたという。現在はもっとも美しい廃墟の城の一つとして、ナショナル・トラストに管理されている。

城のあるマウントを回って少し行くと、コーフ・カースル村の中央広場に出る。広場に面して教会があった。レストランやパブ、ナショナル・トラストの土産物の店もある。十台分ほどの駐車場は車がいっぱいで、村の中心にあるウエスト通りに車を止めた時には、もう午前十一時半を回っていた。

石工祭りの情報を調べる

この村の伝統行事になっている石工祭りでは、『イギリス祭事・民俗事典』によると、懺悔火曜日の正午から、教会のパンケーキの鐘を合図に、石工組合の新会員入会式とその後のフットボール（サッカー）の試合が行われる。入会式は組合員がフォックス・インと呼ばれるパブから役場に移動して行われるが、新会員は入会金の六シリング八ペンス（現在の約三十三ペンス）を納め、パン一塊とビール一クォーター（約一リットル）を持参することになっている。新会員がパブからパンとビールを運ぶ時、先輩の石工たちがわざと邪魔をするのだという。また、この日には、過去一年間に結婚した組合員からも一シリング（五ペンス）が徴収される。ただし、当日にもっとも近い日に結婚した者は、お金の代わりに式後に行われるフットボールのボールを提供することが義務付けられている。フットボールは村内のウエスト通りや共有地の一画を使って行われる。昔は、石材積み出し港であったオウア桟橋までの数マイルの道路上でも、ボールの蹴り合いが続けられたという。試合の目的は、パーベックの石工たちが、採掘した大理石を搬出するためのルートとして用いていた道路の通行権を維持するためであった。プール湾に面していたオウア桟橋はすでになくなってしまったが、毎年この日には桟橋跡まで行って、地主に借地代として一ポンド（約四百五十グラム）の干した胡椒の実を納付するのが昔からの習わしだという。

この石工祭りのことは、ロンドンのカムデンタウンにあるセシル・シャープ・ハウス（民俗関係の図書館）でも調べておいた。顔見知りになった司書に尋ねると、すぐに関係資料をコピーしてくれた。彼は去年、石工祭りを見に行ったそうだ。祭りとしては、バッキンガムシャーのオルニーで行われる懺悔火曜日の祭りの方が盛大で、コーフ・カースルは静かだと教えてくれた。

懺悔火曜日は復活祭の四十一日前に当たり、この日、すべての教会の鐘を鳴らして、教徒が教会に来て懺悔するように、告げ知らせた。パンケーキ作りの慣習は、翌日の灰の水曜日から断食が始まるので、その前日に、卵やバターを全部使い切ったパンケーキを食べることでもあった。それが今では、教会の鐘を合図に帽子とエプロンを着用した主婦が集まってきて、フライパンに入ったパンケーキを投げ上げながら走ったり、パンケーキを奪い合うという祝祭的な行事になっている。

彼の話から、コーフ・カースルの石工祭りは今も行われていることがわかった。それは同じ懺悔火曜日の祭りではあっても、パンケーキ競争とは異なる、当地の石工たちによる変わった伝統行事だと予測できた。こんな予備知識をもってコーフ・カースルに乗り込んだのだった。

タウンホール二階で開かれる集会

車を止めたところがちょうどタウンホール（役場）だった。斜め向かいにフォックス・インがある。作業服の男たちがビール片手にそこから出てきては、タウンホールに入って行く。石造りの二階建て長屋の一角で、ドアの上にフォックス・インと記した看板とキツネの彫刻があった。中は広々としていたが薄暗い。四、五人の男たちがかたまってビールを飲んでいる。話を聞く雰囲気ではなかったので、外に出てタウンホールに戻る。入り口の上に、「イングランドでもっとも小さなタウンホールの建物」と書いてある。たしかに役場というより民家だ。一階が博物館で二階が集会所になっている。博物館に入ると、ガラスケースに古い民具や昔の村の写真、さらにはアンモナイトの化石まで雑然と展示してある。その中で石切りの道具が目にとまった。この村は大理石を産出することで知られており、今日の祭りも石材業者たちの伝統行事なのだ。

博物館からウエスト通りに出ると、ちょうど正午を告げるパンケーキの鐘が鳴った。教会がすぐそばなので、頭の上で鳴っている感じだ。それを合図にフォックス・インから石工たちがワァと出てくる……はずなのだが、まったくそんな気配はない。新入会員がビールを運ぶのを、古参会員が邪魔をすることになっているのだが、と期待して待つ。しかし、人影もなく静かだ。今年は新入会員がいないのだろうか、あるいはこんな悪戯はしないこ

イングランドでもっとも小さなタウンホール

タウンホールの建物

とになったのだろうか。しばらく見ていたが何も起こらないので、タウンホールに行き、博物館の隣の狭い階段を上って二階をのぞき込んでみる。

二階の二十畳ほどの部屋には、中央に大きなテーブルがあり、すでに十四、五人の男たちがつなぎやジャンパーなどの作業服のまま、静かに座っていた。一番奥の真ん中の席に長老がいて、何かしきりに話している。みんな下を向いてじっと聞き入っている。話の様子から、組合の活動報告と新入会員の入会式をしているように見える。末席の男が階段のところにいる私をちらっと見たが、硬い表情でまた視線を下に向ける。ちょっと入って行けないような厳粛な雰囲気なので、いったん外に出る。

広場の前のナショナル・トラストの土産物店に入る。妻はコーフ・カースルの文字の入ったスプーンを買った。旅行に行った時には必ず買うので、イギリス各地のスプーンがもう五十本以上も集まった。二ポンド程度と値段も安く、絵や文字が入っているので、実用的な思い出の品として重宝している。妻がスプーンの代金を払う時、私は店員の女性に石工祭りのことを聞いてみた。「私はよくわからないから、隣の店で聞いて」という答えだった。言われた通り、隣の酒屋に行って、店番をしている初老の男に同じことを聞いてみた。すると、「私はわからない。フォックス・インというパブがあるから、そこに行きなさい」と、ちょっと迷惑そうに言うのだった。同じ村のすぐそばの行事なのに、一様に触れたがらない様子なのだ。これはいったい何だろうと不思議な思いにとらわれる。

石工組合員の集会に拒絶される

午後一時近くに、もう一度タウンホールに行ってみる。主婦がご馳走を持って二階に上がっていく。階段の途中からのぞき見ると、長老の話は終わっていて、男たちはビールを飲みながらガヤガヤと話している。テーブルのまわりには子どもや主婦たちもいて、パンケーキを食べている。私が遠慮がちにのぞいていると、目が合った二、三人の男がニコッと笑いかけてくれる。さっきの緊張した面持ちとは違って、儀式の後の直会《なおらい》という感じだ。

今度は気を許してくれたかなと思って、私が入ろうとした時、テーブルの端に座っていた若い男がサッと近寄ってきて、「今ミーティングをしているから、出て行ってくれ」と、静かだが厳しい言い方で私の入室を拒んだ。石工組合の内輪の人たちの和やかな会なのだが、その和やかさは外部の者、ましてや外国人の私などとは決して共有できない性質のものなのだ。若い男の言葉は、英語が下手な私でも、部外者への厳しい拒絶を実感するのに十分だった。イギリス各地の祭りを見てきた私にとって、追い返された経験は初めてのことだったので、戸惑いとショックは大きかった。

打ちのめされた気持ちで外に出た私は、これがギルド（同業者組合）なのだと思った。

このパーベック・ヒルズの大理石は、十二世紀から需要が高まり、近隣の町だけでなく、ロンドンにまで運んだという。この村の石工たちは、自分たちの独占利益を守るために石工組合を結成し、組織の維持と組合員の連帯を図るための行事を毎年行ってきたのだ。利益を共有する人々だけの閉鎖的な祭りだった。その集会が排他的になるのは当然で、一種の秘密組織に発展してもおかしくない。

石工職人の組合といえば、十八世紀初めにイギリスに創設され、現在も欧米を中心に、世界中で社会や政治に大きな影響力をもつ博愛主義団体「フリーメイソン」を思い起こす。フリーメイソンとは「自由な石工」の意で、石工たちの組織から始まったと言われている。中世の大聖堂や宮殿の建築には、親方（マスター）の指揮下に大人数の石工が組織され、彼らの集会所はロッジと呼ばれ、仕事上の秘密にかかわる儀礼の場や石工たちのコミュニティーセンターでもあったという（吉村正和『フリーメイソン』一九九六年、講談社現代新書）。フリーメイソンはそのような中世イギリスの石工職人組合（ギルド）を起源とする説が有力視されている。もっともその形成には他の複合的な要素もあったに違いない。それにしても、フリーメイソンという、その始まりにおいて秘密結社のイメージさえもっている不思議な社交団体が、中世イギリスの石工たちから発生したとするのはとても興味深い。

フリーメイソンの起源は、案外、この村の石工たちの集会のようなものだったのではないか。そうだとすれば、あの小さなタウンホールはさしずめロッジで、長老はマスターというとになろう。そのような利益を共有し独占する集団の行事がこの石工祭りだということに、私はもっと早く気づくべきだったのだ。あの若い男の拒絶の言葉は、こうした集団から発せられた当然の言葉で、ここにはギルドの閉鎖性がはっきり表れている。こう考えると、石工祭りのことを聞いた店の人たちが知らないと答えたのもよくわかる。村の人々でさえも、石工祭りの行事には関わりがないのだ。

タウンホールを出た私は、何もすることがない。あきらめて家に帰るには早すぎるので、せっかく遠くまで来たのだからと、また、廃墟の城跡に行った。今度は二ポンド九十ペンス（約四五十円）を支払って入場した。崩れ落ちた白っぽい石の城跡に立つと、周囲の波打つような丘陵が一望できる。足元には広場と教会を囲むようにコーフ・カースルの村がある。わずかに残った石段を上り、崩れた城壁を一周する。背丈の二倍もの石がたくさん使われている。この白っぽい巨石はどこからどのようにして、こんな高い所まで運んだのか。吹き飛ばされそうになるほどここは風が強く、その風によって高さが実感できる。

サッカーボールを蹴る男たちが消えた

城跡の出口のところに、小さいがきれいなレストランがあったので、空腹を満たすため

道路でサッカーボールを蹴る男たち

に入った。妻がドーセット州はハムの産地だと言って、ハムサンドとクリームティーを注文した。ハムサンドは五ミリほどもある厚切りハムが入っていて、とてもうまい。こってりしたティーにはスコーンもついてきた。それを食べ始めたら、窓からちょうどタウンホールが見え、ぞろぞろと人々が出てくる。私は慌ててハムサンドを口に押し込み、レストランを飛び出した。ウエスト通りの曲がり角の方へフットボールをしながら移動する十一人の男たちが見えた。私はビデオのファインダーをのぞきながら、曲がり角まで追いかけた。

しかし、男たちは忽然と消えていた。十一人もいた男たちが不思議なことに曲

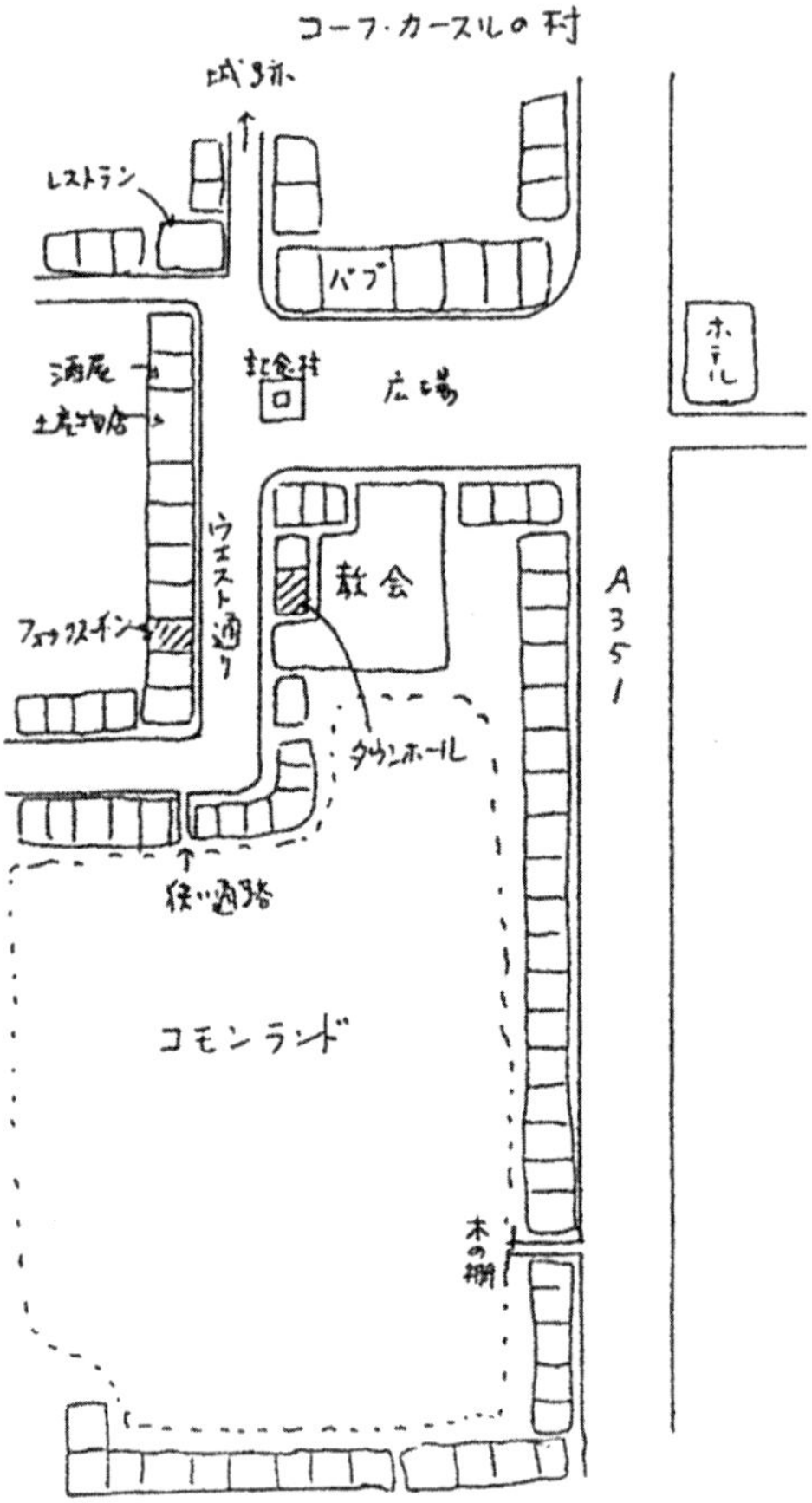

男たちが消えた狭い通路

がり角の先にひとりもいない。キツネにつままれたようにうろうろ探している私のそばを、年配の二人の組合員がビールを飲んで赤くなった顔で通り過ぎていく。しかし、どう考えても不思議だ。彼らは今まで大声を出してボールを蹴っていたのだ。道が途切れる所まで走って行って、また曲がり角に戻って来る。とにかく、男たちが消えた理由はこの曲がり角にあるはずだ。もう一度まわりをぐるっと見た時、アッと思った。家と家の間の、高さ二メートルくらいの石壁に、人間ひとりがやっと通れるほどの隙間があるではないか。急いでその石壁を通り抜けると、広々とした芝生が見渡せる。芝生ではなく牧草地かもしれない。イギリスの、このようなコモンランドと呼ばれる共有地は、牧草地だか芝生の原っぱだかわからないのが常である。石壁の狭い通路は、羊の移動のために使われるものに違いない。男たちはこの羊の通路からコモンランドに消えたのだ。彼らのボールを蹴る姿が遠くに小さく見える。楽しそうに高く蹴っては先へ先へと進んでいく。

コモンランドはこの村の大きな裏庭のようになっているが、その外れ付近にまた、家と家の間に木の柵がある。その柵を乗り越え、A351の道路に出る。男たちはなんと車道でボールを蹴り始めた。ボールを蹴りながら、教会の方へ戻っていく。近くで見ると、二十代、三十代の若い組合員だ。途中、勢い余って民家の雨どいを倒してしまう。思いっきりボールをぶつけてしまったのだ。何とか元通りに直したが、窓から顔を出した住民は、何も言わずにまた中に入ってしまった。道路では車が何度も止められる。ボールを蹴る傍若無人な男たちを見て、ドライバーたちは何事が起ったのかと驚いている様子だ。

ほぼ一時間、村を回って教会の前の広場に戻って来た時には午後二時半になっていた。そこでしばらくボールを蹴り合う。ちょうどこの日、小学生がバスでこの村に来ていた。どうも社会科の課外授業らしく、四、五人のグループに分かれ、アンケート用紙を持って村の人に話を聞いている。その小学生が広場の記念柱のところに集まって、男たちを盛んに囃し立てるものだから、男たちはその声援に元気づけられて、また思いっ切りボールを蹴り上げる。一台の車にボールが当たった時、持ち主が怒って出てきた。さかんに文句を言っている様子だが、男たちは気にする風でもなくボールを蹴り続け、ウエスト通りのタウンホールの前でようやくボール蹴りは終わった。

ペッパー渡し儀式の見学を断念

一番若い男がボールを手に持って自分のジープの中に入れた。この日のもっとも近い日に結婚したのが彼だったので、この行事のためにボールを提供したのだ。彼はまた何人かの男たちとフォックス・インに入って行った。他の男たちは頑丈なブーツを片手に仕事に戻る者、家に帰っていく者と様々である。妻がブーツを持った男に話しかけた。硬そうな革の作業靴は、履きこなしてずいぶんすり減っている。中堅の組合員という感じだ。この気さくな男は、自分は長く石工をやっていること、仕事をしている採石場は隣村のキングストンの先にあること、これから昔の桟橋のところでペッパー（胡椒）渡しの儀式があることなど、親切に教えてくれた。この男は仕事に戻るらしく、車の方へ歩いて行ったが、また戻ってきて、私のそばを通りかかった男に声をかけた。そして、この日本人をペッパ

草原にある大理石の露天掘り現場

ー渡しのところに連れて行ってくれと頼んでくれたのである。親切な男は、あの人の後をついて行きなさいと言って、行ってしまった。

ところが、事もあろうに、頼まれた男は集会の時に私を厳しく追い返した組合員だった。ニコリともしないその男は、話に取り合うつもりはまったくないらしく、私たちを無視して、桟橋に行く組合員たちと打ち合わせをしている。取り付く島もない感じだ。途方に暮れた私たちは桟橋に行くことをあきらめるしかなかった。

そこで、予定を変更して、親切な男が教えてくれた採石の現場へ行ってみることにした。コーフ・カースルの村はずれは深い谷になっていて、そこからまた急な坂道を上って行くとキングストンの村だ。さらに荒地をしばらく行くと、大地が陥没したようなところがある。入り口に会社名を書いた看板があった。そこが大理石の採掘場だった。柵がしてあって中には入れなかったが、およそグランド四つ分の広さはあった。私は、大理石は山を切り崩して採石するものとばかり思っていたが、この時初めて露天掘りであることを知った。

昔は大理石を馬車で桟橋まで運び、船積みしてロンドンに大量の石を供給したのだろう。バーバリー、アクアスキュータムといった高級な店が立ち並ぶリージェント通りの見事な石造りの建物も、あるいはこの辺りから運ばれた石だったかもしれない。観光都市ロンドンはコーフ・カースルの石によって成る、などと勝手に想像するだけでも楽しい。コーフ・カースルの廃墟の城も、この周辺の豊かな石材で造ったことは言うまでもない。桟橋での儀式は見ることができなかったが、大理石の採石場を見て、あれこれと想像できたことで十分満足だった。

帰りは三時間もかかって家に着くと、子どもたちはすでに夕食を済ませていた。パンケーキを買ってきて食べたという。

イギリス祭り紀行 地図　第二部

※数字は本文の章を表す

スコットランド
北アイルランド
ウェールズ
イングランド
エディンバラ
ハルトウィッスル
ワートン
4 かがり火祭り
2 ビーミッシュ五月祭
ニューキャッスル
チェスター・レ・ストリート
ダラム
ウォーコップ
(湖水地方)
グラスミア
ウィンダーミア
バーウィック・イン・エルメット
2 五月柱
アンブルサイド
4 いぐさ献納祭り
リーズ
マンチェスター
リバプール
ワーリントン
アップルトン・ソーン
2 サンザシ装飾祭り
ノッティンガム
バーミンガム
ケンブリッジ
2 イクウェル五月祭
ベッドフォード
スランドリソ
5 ウェールズでの結婚式
カーディフ
オックスフォード
ロンドン
マインヘッド
2 棒うま祭り
ブリストル
サザンプトン
プリマス
ウエイマス
アボッツベリー
3 花環祭り

第二部

ホーソーン（サンザシ）

第一章　再びイギリスへ、そしてロンドンきつね物語

二度目のイギリス滞在

二〇〇五年、二度目のイギリス滞在の機会がめぐってきた。最初の滞在からもう十一年経過している。前の時は四月からの三カ月間は忙しくて、とても祭りの調査どころではなかった。当然、その期間の「祭り紀行」は空白になった。できればその期間を補いたいと思っていた。今回その念願が叶ったというわけである。第二部は四月から七月までの滞在中に訪ねた祭りについて、第一部とは少し趣向を変えて、その時ごとの出来事を織り交ぜながら書いていくことにしたい。ただし、第五章の「ウェールズでの結婚式」だけは時期が二〇〇六年八月のことになる。

四月二十日、妻と二人で日本を発って、オランダのライデン大学にボート教授を訪ねた。一九九四年八月にコペンハーゲン大学で開催されたヨーロッパ日本研究学会でお会いして以来、親交を温めてきた。ボート先生の教え子で、当時ウェールズのカーディフ大学で教員をしていたマーク・テーウェンさんとも知り合いになり、葦毛うま祭り（マリ・ルイド）

を一緒に見に行ったこともあった（第一部第九章）。オランダはちょうど花の季節で、キューケンホーフのチューリップ園を訪ね、ボート先生の案内でマウリッツハイスのフェルメール作「青いターバンの少女」を鑑賞した。

ライデンでは国立民族博物館やシーボルトハウスを見て回った。この経験は二〇一七年、私が山形県村山市に提言して文化庁の歴史文化基本構想に取り組み、最上徳内《もがみとくない》が提供したシーボルトの所蔵資料を調査する際に大いに役立った。同市生まれの最上徳内は江戸時代後期に蝦夷地の地図を作成したことで知られるが、その数枚がライデン大学図書館に保管されているのである。

四月二十二日、ロンドンに着く。今回の滞在ではロンドン北部のハムステッドにあるバーバラ・ロウさんの家に部屋を借りた。バーバラさんとは一九九四年の滞在の時に、ロンドン大学ＳＯＡＳ（東洋アフリカ学院）主催の俳句シンポジウムで知り合った。英語の俳句は五・七・五に合わせた三行詩で、もはや俳句はHAIKUとして世界文学になっている。彼女自身、HAIKUを趣味とすることからシンポに参加したというわけだ。彼女はロンドンフィルのチェロ奏者だったご主人に同行して何度か日本を訪れ、日本が大好きになったという。その後、ご主人を亡くし、ひとり暮らしだった。庭には日本から取り寄せた石灯籠があり、毎日、ご主人を偲んで火を灯している。数年後、彼女が日本に来た時、埼玉の我が家に泊まったこともある。

翌日、カーディフ大学に留学中の娘、文に会いに行く。前に家族で来たウェリッシュ民俗博物館を見学する。娘は桟橋近くのレストランに私たちを案内し、夕食をしながら十一年前に訪れたウェールズの思い出話をした（第一部第二章）。その時小学校五年生だった娘がこの地で留学生活をしているとは、縁は不思議なものである。

ロンドンに戻り、二十五日から二十八日まで毎日のようにセシル・シャープ・ハウスとブリティシュ・トラベル・センターに通って調査地の情報を集めた。ちょうどこの時期、テート・ブリテンでターナー・ホイッスラー・モネ展が開催されていた。印象派に至る百年を三人の作品で跡づけようという企画だった。テムズ川畔にあるこの美術館はヴィクトリア線のピムリコ駅にほど近く、ターナーの「金枝」の絵を見に何度か訪れたことがあった。かつてはテート・ギャラリーと言っていたが、二〇〇〇年に改築されていまの名称に変わった。印象派の先駆的作品となったモネの「印象、日の出」は有名だが、その四十年近く前に描かれたターナーの「金枝」が最初に飾られているのを見てうれしかった。その理由は第一部第八章に書いてあるので、参照していただきたい。

ロンドンきつね物語

四月二十九日、昨日までロンドンは曇りか雨だったが、ようやく晴天になる。ノースハーローに住む、知り合いの松村芳之さんのお宅を訪ねた。ご主人は仕事で不在だった。奥様とは、私は一九九五年、妻は一九九八年以来の再会である。お互いのその後を話した後、今回のロンドン訪問の意図に話が及んだ。妻が「イギリス祭り紀行」の続編をまとめるのが第一の目的と説明した。その続編の出発が松村さんの家から始まるのは、とても意味があることと思えた。私たちのロンドン生活において、松村さん夫妻はまさに恩人だったからである。特に次女の小学校問題では松村さんの力なくして解決は難しかった。その時、松村さんは私たち家族にとって救世主だった（第一部第六章）。私たちが帰国してからも、ひとりで現地の高校に残った長女のガーディアン（身元引き受け人）になってもらうなど、ずっとお世話になったのである。

ひとしきり近況を話した後、奥様が庭に出没するキツネのことを話し始めた。毎日、深夜十二時頃にエサを与えるのが日課になっているのだという。そのエサも、安い鶏肉を生ではなく、わざわざ茹でてパックケースに入れ、台所の外に置く。すると、庭の奥の茂みからメスのキツネが現れ、必ず毎日同じ道を通ってエサをもらいに来る。だから、庭の芝生にはキツネが通る道筋がまっすぐについてしまったというのである。

裏庭の踏み石沿いにできたきつね道

実際に庭に出て見てみると、たしかに、芝生が少し変色し、道がついている。松村さんご夫妻は、台所の電球の薄明かりを頼りに、居間のカーテン越しにそのキツネの様子を毎夜見ているのだという。もちろん途中で寝てしまうのだが、朝見ると、きれいにエサはなくなっているという。

ある夜、母キツネが五匹の子どもを連れて庭に出てきて、子にエサを食べさせたことがあったという。他よりも体が大きな子ギツネが小さな子ギツネの分まで食べようとした時、母ギツネがフーと怒ってかみついて、他の子ギツネに食べさせた。次の日からは仲良く食べたそうだ。それを見て、キツネも子どものしつけをすることを発見し、驚いたと話した。

またある夜は、親キツネが昼現れて、庭に寝そべって身体を伸ばし、後ろ足を引きずるように腹這いになって前進したという。てっきり足をけがしたと思い、獣医さんを呼ぼうとしたら、何事もなかったように歩き始めた。キツネの様々な生態がわかるようになり、リアルなキツネ百態を観察できるのが楽しいという。これも数年来のキツネとのつきあいによるものだと奥様は笑った。

ある夜、キツネが子どもを連れて見せに来たことがあったという。子どもが産まれたので、これからエサをよろしくと言っているように見えたらしい。ちょっと上目づかいに奥様の方を見る。そもそものキツネとの出会いは、キツネが庭の奥からこちらをじっと見ていて、それからエサをあげるという関係ができたという。つまり、松村さんとキツネとの折り合いがついたのだ。どうも、その棲家は、お隣の小屋の床下らしい。もう七、八年前からのつきあいで、毎夜楽しませてくれるキツネは家族の一員のようになっているとのことだ。

キツネとイギリス人の関係は古い。イギリスの貴族と言えば、猟犬を引き連れてキツネ狩りに興じる姿を想い浮かべるほどである。マナーハウスの前に広がる草原と樹林帯はキツネの格好の生息地であったから、荘園領主にとってハンティングと言えばキツネ狩りを意味した。キツネの受難はさぞかし長く続いたことであろう。しかしいまは、少なくともロンドンでキツネ狩りが行われることはなく、松村さんの庭に子ギツネを引き連れて出没するような平和な時代がキツネ社会に訪れたのである。六月の暑い日、私たちはバーバラさん宅の庭で子ギツネを目撃した。ロンドンのキツネ生息数は思いの外多いのかもしれない。

かくして「イギリス祭り紀行」の第二部は、松村さんの奥様が語る「ロンドンきつね物語」から幕を開ける。

第二章　五月祭めぐり

イギリスの五月祭

二度目のイギリス滞在ではどうしても五月祭を見たかった。それが主目的だったと言ってもよい。イギリスに古くからあり、いまも盛んに行われている五月祭を見たいという思いが強かった。

イギリスに一年間暮らしてみると、五月頃からさわやかな夏が始まり、六月下旬から七月初めの夏至の頃は暑い日が続く。そして十月の終わりからだんだん薄暗い冬に入っていく。二季制の季節感は三月末に夏時間になり、十月末に冬時間になるのと対応している。春と夏が一緒で、秋と冬が連続するのだ。イギリスは日本より緯度が高いので、夏の日照時間は長く、冬は短い。十一年前（一九九四年）の夏、私たちは夕食を済ませた後、よくテニスをした。五月になると、午後八時すぎでも明るかったからだ。花好きのイギリスの人々が百花斉放の五月を心待ちにするのはよくわかる。

夏を盛大に祝うのが五月祭であった。五月一日に行うのが原則だが、五月祭系列の祭りはその日以後も行われた。そもそも五月一日の祭りは古代ケルトのベルテーン祭（夏の到来を祝う祭り）から始まったもので、それがキリスト教に取り入れられ、形を変えて広まったらしい。五月祭では朝早く、若い男女が森や山に行き、夜を徹して遊戯にふけったという。森に咲く花や枝を折り取ってきて家に飾り、広場に五月柱（メイ・ポール MayPole）を立てて、花やリボンで装飾する風習があったというのも興味深い。男女の結婚による豊穣多産の農業祭事という側面があったのだろう。異教徒の祭りを起源とする五月祭は、清教徒革命によって厳しく非難され、邪教の遺習として禁止されるのも、そこに理由の一端があった。

五月祭とシェークスピア『お気に召すまま』

前のイギリス滞在中に、石井美樹子著『シェイクスピアのフォークロア』を読んで『お気に召すまま』が五月祭の劇だと知った私は、一九九五年一月にロンドンのアルバリー・シアターでそれを観る機会があった。俳優はすべて男で、現代劇にアレンジされていた。背の高い若い男がブルーのロングドレスを着てロザリンドを、中年のがっちりした男がピンクのロングドレスでシーリアを演じた。原作では男装してアーデンの森を舞台に恋の大騒動をくり広げるわけだが、男優なので女性が男装する時の妖艶さがない。かえって男優が女性的に見えて不思議な気がした。カラフルな傘を並べてアーデンの森に見立てる演出はおもしろいと思った。だが、森の中で何組もの恋が成就し、結婚の祝祭で盛り上がる場面では、この演出、ちょっと違うぞと思った。森の根源的な生命力こそ、この劇のクライマックスに必要なのだ。

イギリスではそれほど多くのシェークスピア劇を観たわけではないが、原作への新たな解釈が果敢に試みられていると感じた。『お気に召すまま』の現代劇化もそのひとつと言ってよい。そう言えば、シェークスピア劇を上演することで知られているロンドンのバービカン・シアターで『ヴェニスの商人』を観た時、舞台は現代の銀行で、登場人物はそこで働く気鋭の銀行員に読み換えられていた。シェークスピア劇をいかに現代に蘇えさせられるのか、これがトレンドなのだと納得した。

それから三年後の一九九八年十月、新大久保の東京グローブ座でふたたび『お気に召すまま』を観た。「エリザベス朝時代の舞台をそのままに　ロンドン・グローブ座待望の初来日」と銘打って、シェークスピア・グローブ座カンパニーによる上演だった。原作に忠実な古典的演劇で、アーデンの森でのどんでん返しは、正統派の劇の方がより効果的に演出されているように思われた。シェークスピアが生きた十六世紀から十七世紀には、森の根源的な生命力はまだ信じられていて、森の中での男女の性愛が農作の豊穣を生む祝祭と自然に結びついていたと考えられるからだ。まさにそれが五月祭だった。男装したロザリンドがアーデンの森で相愛のオーランドーと再会し、女装にもどって結婚する場は、やはり森でなければならない。結婚の神ハイメンによってロザリンドとオーランドーの結婚は祝福され、シーリアも、その他の何組も結婚する。この場面は女神と男神の結婚という五月祭の神話的な意味を再現するところでもあろう。

こうしたイギリスの森の文化史を知る上で、大いに啓発された本がある。川崎寿彦著『森のイングランド』（一九八七年、平凡社。一九九七年、平凡社ライブラリー）だ。樹木の神話的思考から森の文学的意味まで、イギリス文化の核心に迫る論に私は多くを学んだ。

五月祭の開催地を調べる

話をもとに戻そう。二度目のイギリス滞在ではこの時期に行われる五月祭をできるだけ多く見ようと計画を立てた。『イギリス祭事・民俗事典』とセシル・シャープ・ハウスで得た情報をもとにリストアップし、ブリティッシュ・トラベルセンターでその日程を確認した。レンタカーを使うので、かなり遠い距離でも効率よく回ることができる。リストアップしたのは、五月一日にイングランド北部の、スコットランドに近いダラム州にあるビーミッシュの五月祭を一泊二日で、二日に東部のベッドフォードシャー州イクウェルの五月祭を日帰りで見ることにした。中央部の南、ノースヨークシャー州のバーウィック・イン・エルメットにも立ち寄ることにした。祭りは見られないが、そこには巨大な五月柱があるという。

そして一旦ハムステッドに戻り、次の日の三日にサマセット州マインヘッドの棒うま祭りを見に行くことにした。この行事も毎年五月祭の頃に行われることになっている。この時期、各地で行われているモリスダンスにも出会えるかもしれない。あれもこれもとタイトな計画を立てる私に、妻は「いつも盛りだくさんね」とあきれ顔だ。

バーウィック・イン・エルメットの五月柱の化粧直し

四月三十日（土）の朝、レンタカーで妻とハムステッドを出発する。高速道路のM1を北上してダラムを目指す。ビーミッシュに行くためである。その途中、リーズの郊外にあるバーウィック・イン・エルメット（Barwick-in-Elmet）に立ち寄る。そこまで直線距離で約二百五十キロ、昼前には着く。村には高い木が多く、緑の中に家が並んでいる。村の中に入っていくと、塀に MAYPOLE の表示。五月柱が住居表示にもなっているらしい。

この村には三年目ごとに、高さ約二十六メートル（八十六フィート）の五月柱にペンキを塗る、化粧直しの行事（MayPole Raising Ceremony）がある。これはイギリス国内で一番

イギリスで一番の高さを誇る五月柱

高い五月柱とされている。その行事は五月三十日と知り、都合がつかず見られないので、せめて柱だけでも見たいと思ったのだ。

村の中央に何かの記念碑が建っていて、その前に店があった。中に入って聞くと、五月柱はその記念碑のそばに立てることになっているという。教会が二つあって、その一つの方に歩いて行くと、入り口の脇に横倒しの丸太が二本あった。太い方の木口にMAY POLEと書いてある。これが五月柱だった。

子どもと中年の夫婦がそれを見に来ていた。誇らしげに「これを広場に立てるんだ」と説明してくれた。その近くで、父親と小学一年生ぐらいの息子がステップを踏んで踊っていた。以前は柱のまわりで踊ったが、今は教会の庭で踊るという。二本の柱は継ぎ合わせるための穴が開いていた。継ぎ足せばたしかに相当の高さになる。太い方が黒で、継ぎ足す方が茶色だ。それを白地に赤と青の螺旋状に塗り直すという。美しく塗り直された五月柱をぜひ見てみたかった。いまは五月柱の建立式を行うだけで、そのまわりで踊ることはしなくなったようだ。

店に巨大なメイ・ポールを描いた絵があった。荷物になると思ったが、つい買ってしまった。十六ポンド（約二千五百円）だった。

ダラムで出会ったモリスダンス

ビーミッシュに行く途中、その日の宿探しのためにダラムのインフォメーションに立ち寄る。近くの中央広場の方から音楽が聞こえてくる。行ってみると、白い服に足に鈴をつけ、アコーディオンに合わせて、八人のモリスダンスグループが踊っていた。午後二時半頃からしばらく見ていたが、三時頃には終わった。喜捨を集める踊り手に聞くと、オックスフォードシャーから来たという。お年寄りや小学生もいた（口絵写真参照）。軽やかなステップを踏み、ハンカチを振りながら、手を組んだり、離れたりして位置を変える。

今年は五月二日がバンクホリデーなので、ノーザンバーランドに移動してまた踊るとい

モリスダンスのハンカチ踊り

う。各地を回りながら、踊りを披露して歩くグループがいることを知った。午前十時頃からここで踊っていたというから、最後の方を少し見たことになる。偶然見られたのは幸運だった。

その夜はダラムの北、ビーミッシュに近いチェスター・レ・ストリートのB&Bに泊まる。

ビーミッシュの五月柱

五月一日（日）、ビーミッシュ（Beamish）野外博物館に行く。この博物館は一九一三年当時の町並みを再現し、炭鉱、馬車、蒸気機関車、農場などが復元されている。日本で言えば、江戸村とか明治村の類だ。この日は、日曜日ということもあって、

入り口のドアに吊す五月の花飾り

家族連れがマイカーやバスで大勢来ていた。

その中に炭鉱村の建物を復元したコーナーがあった。その戸口に木の枝と花が下げられていた。説明によれば、五月の花とサンザシ（五月の花木）だという。この日、すぐ近くの森から採ってきて、玄関のドアに吊り下げるのが習わしらしい。答えてくれたのは、十九世紀風の帽子とロングスカートの麗しい女性で、博物館の仕事をしているそうだ。

私はこの説明に感動した。イングランドやスコットランドでは、五月祭の中心行事は暗いうちから森に入って花の枝を持ち帰ることであった。五月の花木と言えばサンザシ（ホーソーン Hawthorn）の

子どもたちが踊り回るごとにポールにリボンの色模様ができていく

ことだが、地域によってはナナカマドやカエデを指す場合もある。五月の花や木の枝は魔除けの力を信じて家に飾ったり、恋人の家の戸口に置いたりしたという。その風習は森の生命力や豊穣を得ようとする、キリスト教以前の古い信仰に基づくのだろう。それを実際に見られたのがうれしかった。

五月祭のプログラムによれば、五月柱のダンスは八歳から十三歳の男女の生徒二十名によって、一日に三回、炭鉱村の前で実施、とある。芝生には三メートルほどのポールが立ち、先端に花を飾り（赤や黄色のデージーの花や緑の葉）、十二本のリボンが吊り下げられていた。

最初に山高帽の紳士が、「May Queen

とMay King は……と……です」と紹介し、子どもたちの頭に花環を載せる。男子生徒四名、女子八名がアコーディオンに合わせてスキップしながら、ポールから垂らしたリボンを持ってそのまわりを踊り回る。すると、色とりどりのリボンがポールに巻き付く。見事な色模様の柱ができるというわけだ。何種類かの踊り方があって、それぞれ柱の模様が変わる。リボンどうしが蜘蛛の巣のように絡みついてしまう時もある。

最後の三回目は、芝生の中まで入ることができ、間近で見られた。先生が号令をかけ、いろいろ指導をしていた。この回は十二人すべてが女子で、かなり複雑だったのか、途中で絡みついて中断することもあった。見ていても難しさが伝わってくる。号令をかけていた先生らしき人に聞くと、ノーザンバーランドの小学生だという。まわりで父母たちが心配そうに見守っていた。

イクウェルの五月祭

五月二日（月）、昨日、ダラムから帰ってきて、今朝また出かけるという忙しさ。行先は、ハムステッドから車で一時間、ケンブリッジの近くのイクウェル（Iekwell）という村だ。村の広場にはすでに出店がずらり。町の人々もたくさん来ている。木々に囲まれた広い芝生が会場だ。一人一ポンド（約百六十円）を支払って中に入る。会場には白と赤のペ

花々で飾られた五月女王の椅子

ンキを塗った五月柱が立ち、中ほどから赤・白・紫のテープを垂らしている。その向かい側の壇上には花々で縁取られたハート型の衝立と大きな椅子が置かれている。五月の晴天のもと、たくさんの花で飾られた壇のまわりは明るく照り映えていた。

午後一時過ぎに、壇の前でベッドフォード・パイプ・バンドの演奏が始まる。緑のキルトと白のシャツを着た十五名の若い男女によるバグパイプの華やかな演奏だ。最初からショー的な演出を感じる。それが終わると、入れ替わりに美しいドレスを着た少女たち、その後ろに花環を持った少し年上の少女たちが会場に行進してくる。何人かは白いエプロンを付け、

花環を持つ年少の女の子を先頭に五月女王の入場

花環を持つ子もいる。

午後二時、五月女王（メイ・クイーン）役の少女が壇上の椅子に座る。昨年の女王が隣にいて、自分の頭からピンクの花冠をとって新女王の頭に載せてあげる。侍女役や男の子の従者が古風な衣装でまわりに並ぶ。二人ずつ中央に出てきて、祝辞を述べる。五月女王の誕生だ。とにかく華やかで美しい。

五月女王が壇から降り、一団が場内を一周する。場内の人々に新しい五月女王の誕生を告げる行為だろう。再び、壇上の椅子に座ると、小学生によるメイ・ポール・ダンスが始まる。二十人ぐらいの少女が華やかに踊り回る。昨日のビーミッシュの五月柱より太く、リボンも幅が

ピンクの花冠を載せた五月女王。右は昨年の女王

広いので、色模様がはっきりする（口絵写真参照）。踊りによって模様が変わる。その後の小さな女の子たちのフォークダンスがかわいらしく、会場の笑いを誘う。この頃には観衆がふくれあがって、幾重にも広場を取り囲んでいた。

五月祭は森から持ち帰った花や枝で花環や花束を作り、家で飾ることが始まりだっただろう。その起源は古代ケルト人が五月一日に羊や牛の放牧を祝うベルテーン祭にあった。その時、かがり火も燃やされたという（第二部第四章参照）。後には樹木そのもの、つまり五月柱を伐り出すようになり、踊りや遊戯を伴うようになって五月祭の中心的な行事になっていったと考えられる。

壇上の五月女王の前で、少女たちのメイ・ポール・ダンス

その後、十七世紀中頃の清教徒革命では異教徒の祝祭として禁止の布告が出されたが、また復活し、十九世紀のヴィクトリア朝に起こった「楽しい英国Merrie England」の風潮とともに五月祭は隆盛を取り戻した（『イギリス祭事・民俗事典』）。おそらくこの時期に、ビーミッシュのような素朴なものから、イクウェルのような華美な演出へと多様化していったのだろう。

しかし、五月の花で夏を迎える祝祭という核心部分は変わらなかったのではないだろうか。五月祭を見てきた私には、そこに集う人々が百花咲き乱れる夏の生命力を身につけようとしているように見えた。いまも昔も、そこにこそ五月祭の存在意義があるのだろうと思いながら、午後三時頃に帰路についた。

マインヘッドの棒うま祭り

イクウェルからハムステッドの滞在先に戻り、その日夕方五時に車で出発。イングランド西部のサマセット州マインヘッド（Minehead）に向かう。何とも忙しい。こんなタイトな計画になったのも、明日行われる棒うま祭りを見たいがためである。マインヘッドまで直線距離でざっと二百五十キロ、ブリストルを過ぎたところで休憩。幹線道路を出たあたりで暗くなり、道が羊よけの草垣で狭い。マインヘッドのＢ＆Ｂに着いた時には夜の十時を回っていた。

五月三日（火）の午前中にインフォメーションで、ホビーホース（Hobby Horse）と呼ばれる棒うま祭りの情報を聞く。大通りを歩いていると、市庁舎の方から棒うまの一団が海の方に行進していくのに出会う。先頭に喜捨の缶を持つ者、そして棒うま、最後に楽器のドラムがついて行く。途中で通行人にふざけたり、礼をしてあいさつしたりする。町なかの小さな病院に立ち寄った時には、窓越しに重い病気の患者がホビーホースを見て手を振る光景を目にする。道化のうまは励ましの存在でもあることを知る。

棒うまは箱型の胴体に頭としっぽが付き、中央上部に滑稽な顔の馬の頭部、そこに担ぎ

一見、パブとは思えないザ・ホビーホース・ハウス

手の頭が入る。馬の背には色とりどりの布がびっしり垂れ下がり、布に隠れるように人の白い顔がのっている。足元の幕にSailors Horseの文字がある。馬の顔ははっきりしないが、棒うまの名は棒の先に馬の頭が付くことによる。

海岸に出ると、駅のところでメンバーらしき初老の人が私たちに近寄ってきた。今晩の行進のコースを聞くと、地図にパブを示して、ここから出発すると教えてくれた。午後七時頃、海岸通りでドラムの音がするので追いかけると、そこがホビーホースという名のパブだった。そこから出てきたのは、午前中に見た棒うまと色合いが違う。タウン・ホースTown Horseという文字が描かれている。全体

街を練り歩くタウン・ホース

ドラムを打ちながら街を歩くセーラーズ・ホース

的にブルー系で水玉模様がある。

『イギリス祭事・民俗事典』によれば、それは町方うまと称するもう一頭の棒うまのようだ。しばらくすると、大通りの方から、ひときわ大きな音楽（「棒うま音頭」）を響かせて棒うまの一団がやってくる。ドラム二名、車いすの人が弾くアコーディオン、それにバイオリンも一名いる。全体が黄色っぽい棒うまで、これが午前中に見た船方うま Sailors Horse だった。

さあ、ここで二頭の棒うまによる踊りと歌が聞ける、と思ったら、二頭はそれぞれ別の方向に去って行くではないか。町方うまは路地の向こうに消えて行き、船方うまはすぐ近くのリチャード・ホテルに入っていき、中のパブで陽気にうたう声だけが聞こえる。パブの車庫には、もぬけの殻の棒うまが寂しげに置かれたままだ。

一時間ほどして、午後八時三十分頃、パブからまた大通りに出てきて行進しながら，駅の方に向かう。途中で喜捨係のメイド・マリアンのような緑のワンピースを着た女性に「これからどうするのか」と聞くと、レッド・ライオンというパブで酒を飲んでうたうのだと楽しそうに答える。「明日が最後の日なので、盛大にやる。初日の五月一日はメイ・ポール・ダンスとモリスダンスもやった」と言い、これから一緒にパブに行かないかと誘ってくれた。飲み会について行って様子を見たいと思ったが、もうロンドンに帰らなければばならない時間だった。礼を言って別れる。明日の打ち上げの会は、きっと大盛り上がりだろうと想像しつつ、ロンドンに向かって車を走らせた。

この年（二〇〇五年）は五月二日がバンクホリデーだったので、最終日が一日延びて五月四日になったらしい。五月三日が打ち上げの日と期待して見に来たのだが、ちょっと拍子抜けだ。でも、ホビーホースがどんなものなのか、わかった気がする。街に繰り出してはしゃぎ、人々をからかい（からかわれ）、パブに入ってビールを飲んでまた街に繰り出す。とにかくばかばかしく遊ぶのだ。それが日常とは異なる、あるいは日常を壊すホビーHobby（道楽）の精神なのだろう。一見、五月祭とはかけ離れているが、夏を迎える祝祭として五月祭に連続するのである。

【付記】

アップルトン・ソーンのサンザシ装飾祭り

二〇〇六年八月、ジョンの結婚式（第二部第五章）の帰り、イングランド北西部のワリントン近くにあるアップルトン・ソーン（Appleton thorn）の村を訪ねた。サンザシ装飾祭り（Bawming the thorn）が行われると聞いていたからだ。『イギリス祭事・民俗事典』によれば、小学生がリボンや花環でサンザシの木を美しく飾り、そのまわりを踊り回ると

アップルトン・ソーンのサンザシの木と教会

アップルトン・ソーン・インの看板にあるサンザシの絵

いう。メイ・ポールが実物の木になったと考えればよい。祭りは六月下旬にすでに終わっていたが、サンザシの木だけでも見たいと思って立ち寄ったのだ。

教会の前にそのサンザシの木は立っていた。意外に小さいと思ったら、一九六七年に植えられて二代目だという。サンザシは五月の木の花 Mayflower の代表とされる。葉はカシワのように丸い凹凸があり、花は白く可憐だ。サンザシは不思議な力をもつ木でそこに樹木崇拝を見る説もあるという。五月祭が森の生命力や豊穣を得るための行事と考えれば、この木を大切する理由がわかってくる。

すぐ前にアップルトン・ソーン・インという小さなホテルがあった。看板にはサンザシと教会。村名のソーンもサンザシのことだ。この村はサンザシで記憶される。

第三章　アボッツベリーの花環《はなわ》祭り

アボッツベリーという小さな村

五月十二日（金）の午後、エジプト旅行からロンドンに帰り、午後七時四十分に車でハムステッドを出発する。ロンドン南西のドーセット州ウエイマスのＢ＆Ｂに着いたのが夜の十一時。今回もなんとも忙しいスケジュールだ。私に付き合う妻はいい迷惑である。

五月十三日（土）、アボッツベリーの花環祭り（Abbtsbury Garland Day）を見に行く。アボッツベリーはウエイマスから約十四キロメートル離れた小村。まわりには牧草地の丘陵が広がり、谷の一角に村の家々が並んでいる。川が流れ、静かな村だ。白鳥の飛来地でもあるらしい。黄色がかった石垣の小村は、中世の美しい村コッツウォルズ（イングランド西部）を思わせる。

まず、駐車場の管理人に花環祭りの行事のことを聞くと、二十四年前に終わり、今はやっていないので、当時の新聞の記事を送ってやると答える。がっかりしたが、ぜひ送って欲しいとお願いする。

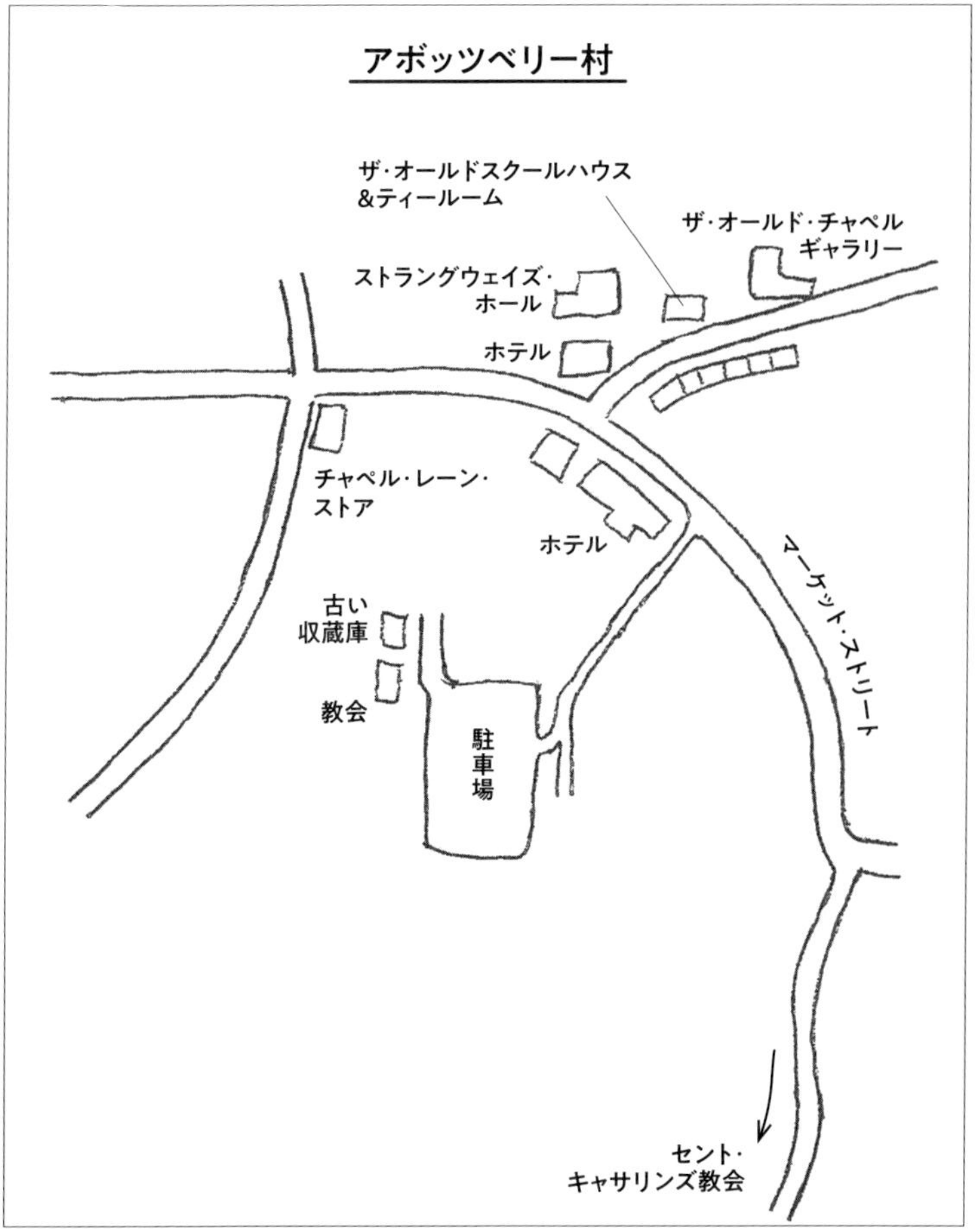
アボッツベリー村
ザ・オールドスクールハウス
&ティールーム
ザ・オールド・チャペル
ギャラリー
ストラングウェイズ・
ホール
ホテル
チャペル・レーン・
ストア
ホテル
マーケット・ストリート
古い
収蔵庫
教会
駐
車
場
セント・
キャサリンズ教会

一応、村を見るだけはしておこうと、管理人が教えてくれたチャペル・レーン・ストアに行って聞いてみると、今日の午後四時に子どもたちが花環を持ってやってくると、自信たっぷりに言うではないか。何か狐につままれたような感じだ。

それではじっくり構えて待とうと、ザ・オールドスクールハウス&ティールームという店に入る。紅茶とアップルケーキを注文する。女主人に店名の由来を尋ねると、想像した通り一八〇〇年代の学校の建物だという。ついでに今日の行事のことを聞くと、電話があったが（これはウェイマスのインフォメーションで、私たちのために問い合わせてくれた時の電話）、学校に不都合があって今日はやるかどうかわからないという。またわからなくなって、学校はどこかと聞くと、ポートシャムと書いてくれた。村の中に郵便局があったので、中に入って念のためもう一度聞くと、今日はやると思うが、チャペル・レーン・ストアに聞きなさいと言われる。

とにかく小学校に確かめるのがよかろうと、隣村のポートシャム小学校まで行く。受付の女性は事務的に、小学校では花環祭りに関知していない、アボッツベリーの子もいない、と紋切り型で短く言う。仕方なくアボッツベリーの村に戻り、丘の上のセント・キャサリンズ教会に歩いて登り、ザ・スワナリーという店でお茶を飲む。

午後四時の少し前に、最初の駐車場に車を止める。すぐ目の前に、壁に古い名残をとど

丘の上のセント・キャサリンズ教会。奥の低地にアボッツベリーの村が見える

める教会がある。その隣の、十分の一の税を徴収して穀物を収納する歴史的な建物（修復中）を見ながら、村の中央にあるホールに行く。

家々を回る花環祭り

しばらくして花環を持った子どもたちと母親四、五人が集まってくる。就学前の子から小学生までの女の子が十人ほどいる。人だかりの中にさっきの店でレジをしていた母親がいて、彼女だけが自信をもって午後四時と答えた理由がわかった。ということは、この行事に関わらない村人は始まる時間をよく知らないということだ。何人かの村人がバラバラの時間を答えて私を混乱に陥れたこともこれ

ストラングウェイズ・ホール前に集まった二つの花環

で合点がいく。午後四時は放課後の時間だったのだ。

母親のひとりが、私たちが日本から来たことを知り、「私の娘が日本語を習っている。いま連れてくる」と話しかけてきた。その娘は息を弾ませて走ってきて、十四歳の中学生であること、青森の十六歳の高校生が二十人、自分の中学校に英語の勉強に来たこと、日本語はスペイン・ドイツ・イタリア語と同じように大事な言語と思うので習っている、などと説明し、自分の名前はシャノンと、日本語で言った。この田舎の村に、日本語を習って日本に行きたいと思っている少女がいるとは、なんともうれしい気持ちになる。

この娘の説明によると、花環を作った

棒に括りつけた花環を二人で運ぶ

のは自分の母親で、午前中、自分の庭の花で作っておいたのだと言う。午後四時三十分すぎに子どもたちは二つの花環をそれぞれ二手に分かれて携えていく。私たちはシャノンのグループについて行く。最初にドアをたたいた家が、私たちが午前中にお茶を飲んだザ・オールドスクールハウスだった。中に入ると、あの女主人が小銭を丸い器に入れていた。女の子たちと母親はその隣の家へと移り、小銭をもらう。少女たちは、「Hallow, It's Garland Day」と言っている。すると、住人がドアから顔を出して「よく来たね、おりこうさん。はい、ごほうび」というようなことを言って、器に小銭を入れるのだ。

花環を見せてお祝いをする子どもたち

花環は、持たせてもらったが、かなり重い。十キロぐらいはありそうだ。箱形の枠の中にシャクナゲやサクラなど色とりどりの花を結び留めている。大きな花かごという感じだ。シャノンと母親が交替で持ち、ドアをたたくのは決まって小さい子だ。家々を回りながら、シャノンは私たちに駆け寄ってきて、知っている日本語で話そうとする。彼女は「みんなを紹介します」と言って、全員の名前を教えてくれた。

彼女の紹介で、行列の後ろを控えめについて行きながら、写真を撮っている男の人がチャールズという名だとわかった。彼は田舎まで来て祭りを見ている私たちに興味をもったらしく、なぜこの祭りを知っているのかと聞いてきた。バッグから『イギリス祭事・民俗事典』を出して、これで知ったと言ったら、それはすばらしいと驚く。

実は日本から来た民俗研究者だと自己紹介し、二週間前は五月祭を見ていたと言ったら、ドーセットにもメイ・ポール（五月柱）の行事があって、自分もそれを見たと応じる。兄弟がグリーンマン（植物神を装う人物）になったとも言っていた。生まれはロンドンだが、民俗行事に関心があるらしく、見て回っているという。彼はドーセットに来たことはあるのかと尋ねるので、十年前、コーフ・カースルのストーンカッターズ・デー（第一部第十章）を見に来たことがあると答えると、目を丸くして驚き、そんなところまで行っているのかと首をすくめた。

子どもと母親たちの花環の行列は、五軒長屋のテラスハウスまで来ると、一つの戸口から十歳くらいの男の子が出てきた。ポロシャツの胸に、Portesham Primary School と書いてある。行列の子どもたちはあの小学校の生徒だったのだ。小学校の受付の人の言葉は何だったのかと疑ってしまったが、いや私の貧しい英語力のなせるわざなのだと思い直す。あるいは、その行事は小学校とは一切無関係だと言っていたから、そういう生徒のことは把握していないと言ったのかもしれない。

男の子はシャノンの弟だった。つまり、シャノンの家だった。彼女は弟に「さん」を付けて紹介したので、男子には「くん」を付けるが、身内には付けないと教える。弟も花環を持つ行列に加わり、だんだん人が増えていく。シャノンは後ろをついて行く私たちに走り寄ってきては英語と日本語で説明する。寄付金集めが終わった後、花環を近くの海岸まで歩いて持っていき、海に流すのだという。そう説明しながら、花環を持ち歩く寄付金集めは延々と続くので、午後六時になったのを機に、ロンドンに戻らなければならないからと、みんなに別れを告げる。

森の花の生命力を分与する行事

この行事を見ながら、花環の家回りは家々を言祝《ことほ》いで歩く門付けだと思った。おそらくそれは、古くは森の木や花の生命力を分け与えていく行事だったのではないかと想像する。寄付はその返礼と見ることができる。もともとこの村は漁業を営んでいて、花環を海に流すというのは豊漁の祈願という意味があったらしい。花環には豊漁をもたらす力があると信じられていたのだ。大人の行事がいまは子どもたちに変わっているというのも、古い祭りによくある変化だ。

それにしてもなぜ、管理人や小学校の受付の人はこの行事のことを知らなかったのか。町の人も正確な時間を言えなかったのが気になった。古くは村全体で大々的に行われた祭りがだんだん縮小し、ついには母親と子どもたちの一部で執り行われるようになったからではないか。

それは日本の講のようなものだ。例えば、東北の村に山の神講という行事がある。子どもたちが雪の中を木像の山の神を引きずって家々を言祝いで歩く行事だ。大人たちはご利益に預かろうとご祝儀を差し出す。花環祭りはこのような子ども講と実によく似ている。いまは子ども中心になって、親以外の大人たちは関与しないから、始まる時間どころか、やっているのかさえもわからなかったのだ。

イギリスの南西にある海岸の田舎村で、講のような祭りが見られたのは収穫だった。そして日本語を学ぶシャノンと出会ったのもうれしいことの一つだった。車でこの村から出ようとした時、シャノンとは別のグループが家の戸の前で喜捨を求めているのを見て、イギリスが忘れかけている一つの姿がまだここに残っているように思った。心地よい疲れを感じながら、ハムステッドに帰った時にはもう午後十時を回っていた。

第四章　いぐさ祭りとかがり火祭りを訪ねて

アンブルサイドのいぐさ祭りとワートンのかがり火祭り

アンブルサイドはイギリス中央部の湖水地方、カンブリア州にある町。ワートンはそこから北西の東海岸、ノーザンバーランド州のニューキャッスルから少し北に位置する小村。アンブルサイドには教会にイグサの束を納める祭り、ワートンにはかがり火を焚いて踊り回る祭りがあることを知って訪ねることにした。

いぐさ祭りの正式名称はいぐさ献納祭（ラッシュ・ベアリング Rushbearing）。ラッシュは植物のイグサ、ベアは運ぶという意味だ。『イギリス祭事・民俗事典』によれば、敷物としてのイグサを聖霊降臨の祝日に取り替える行事で、イグサ運びの行列が教会行事として盛大になったものという。聖霊降臨の日は復活祭の五十日後で、アンブルサイドでは聖母訪問日の七月二日にもっとも近い土曜日と定められている。この年は七月二日がちょうど土曜日だった。この行事は夏の祝祭として行われてきたのだ。アンブルサイドの場合、独自の讃美歌をうたい、ショウガ味のパンを配るのが特長だという。

もう一つのワートンのかがり火祭り（ベイル・ファイヤー Bale Fire）は、旧暦の夏至祭の前夜、七月四日に行われる。ベイルはかがり火の意で、夏至祭でかがり火を燃やすことに由来する行事のようだ。子どもたちがかがり火のまわりを手をつないで踊り回り、若い男女が残り火の上を飛び跳ねて幸運を願ったと『イギリス祭事・民俗事典』に記述する。これも夏至に関わる夏の祝祭ということだ。

この二つの祭りを続けて見ようというわけだ。アンブルサイドには一九九四年の八月、スコットランドに車で家族旅行した時、帰路に立ち寄った。道の様子はいくらかわかっていたので、七月一日（金）のアンブルサイドのホテルだけ予約し、あとは現地で決めることにした。とにかく七月五日の午前九時五十五分、ヒースロー発日本行きの飛行機に乗ればよいというアバウトな計画だった。

アンブルサイドの町

七月一日の朝、私はヒースロー空港まで地下鉄で行ってレンタカーを借りてくる。いぐさ祭りと、かがり火祭りを見た後、空港に直行して車を返し、そのまま帰国することになるからだ。ハムステッドに戻って妻と部屋を掃除し荷物を積む。家主のバーバラさんが私たちに別れのあいさつに来て、にこやかにキスをしてくれる。もう会えないかもしれない

アンブルサイド町

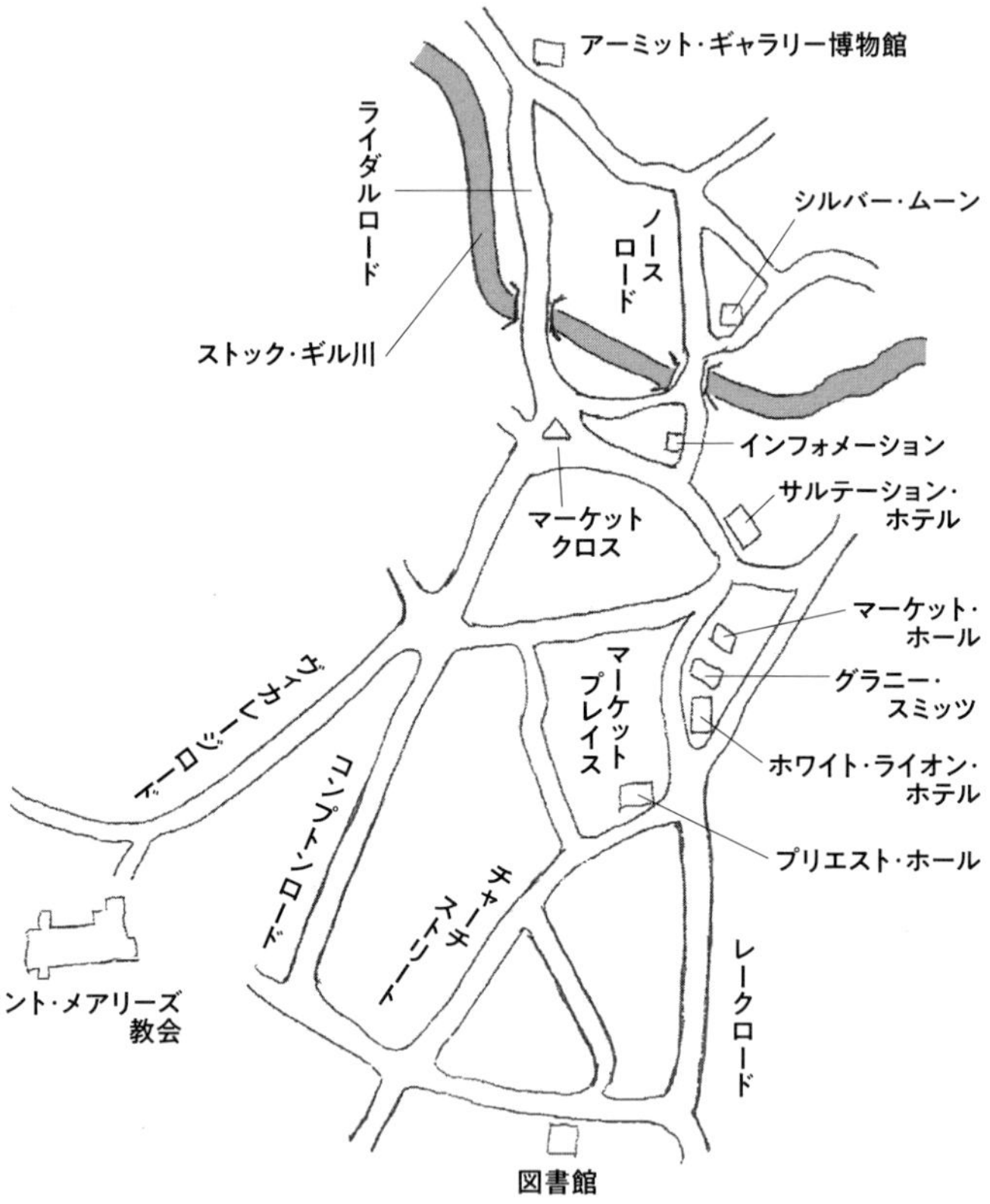
アーミット・ギャラリー博物館
ライダルロード
シルバー・ムーン
ノースロード
ストック・ギル川
インフォメーション
サルテーション・ホテル
マーケットクロス
マーケット・ホール
グラニー・スミッツ
ヴィカレージロード
マーケットプレイス
ホワイト・ライオン・ホテル
コンプトンロード
プリエスト・ホール
チャーチストリート
レークロード
セント・メアリーズ教会
図書館

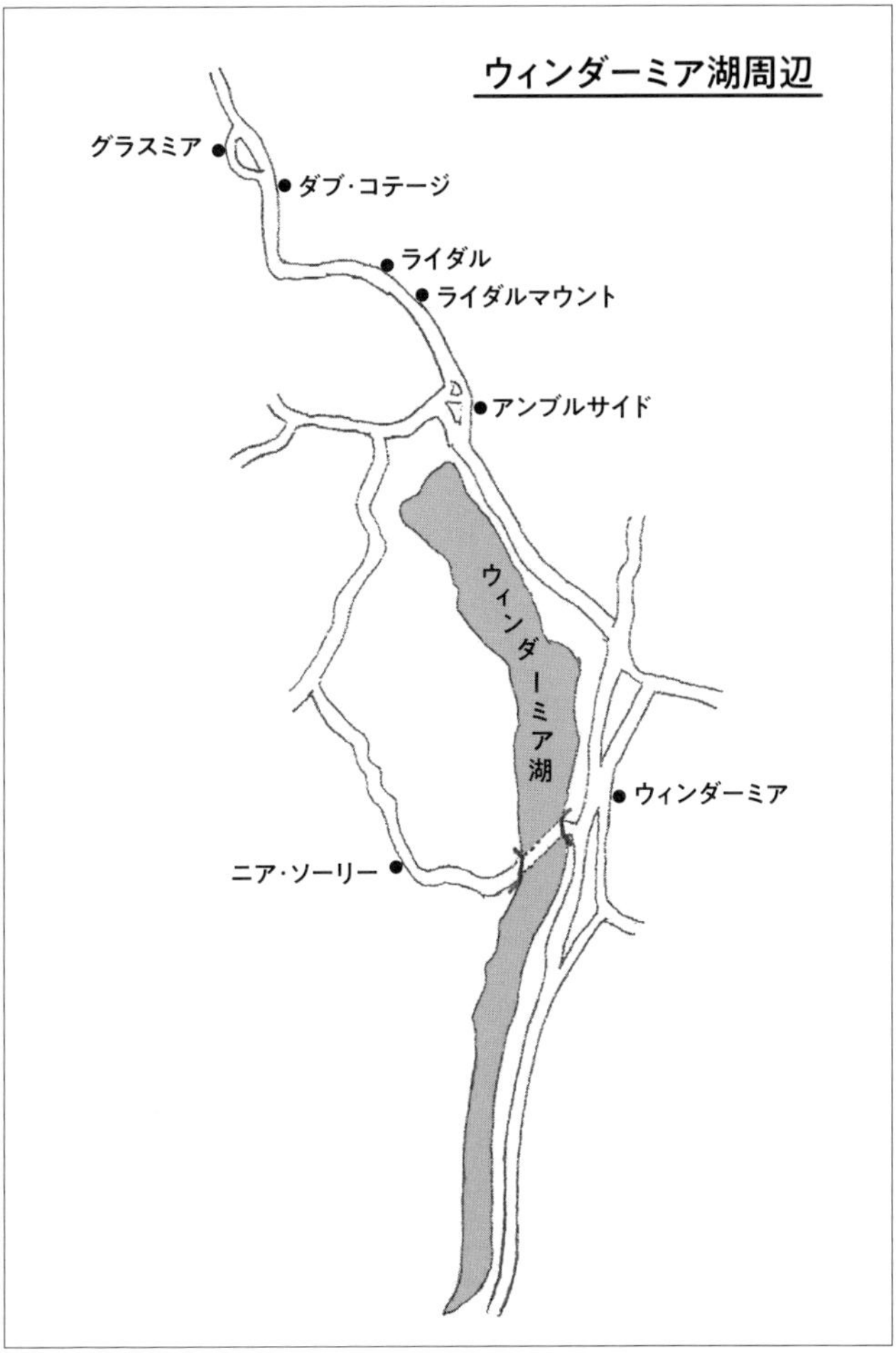
ウィンダーミア湖周辺
グラスミア
ダブ・コテージ
ライダル
ライダルマウント
アンブルサイド
ウィンダーミア湖
ウィンダーミア
ニア・ソーリー

と思いながら、笑顔でうなずく。

午後二時、いぐさ祭りを見るために車で湖水地方のアンブルサイドに向かう。夜の八時すぎに着く。ウィンダーミア湖の北にある町だ。ロンドンから直線距離で約三百五十キロ、その夜はアンブルサイド・サルテーション・ホテルに泊まる。町中だが、見晴らしのいい部屋だ。

七月二日（土）の朝、祭りが行われるセント・メアリーズ教会まで散歩する。チャーチ通りを十分も歩けば着く。人はまだいない。祭りが始まるのは午後二時半と聞いていたので、ベアトリクス・ポターが住んだニア・ソーリー村に行く。車で二十分もかからない。前に来た時、妻が気に入ったB＆Bに今夜の予約をとった。

アンブルサイドのいぐさ献納祭

アンブルサイドにもどり、午後二時頃、イグサを献納する教会に行く。教会にはイグサに花をあしらった飾り物やイグサを束ねた十字架の作り物などが置かれていた。そこには子どもを連れた母親が集まりだしていた。入り口の方に行くと、背の高さもある飾り物を教会から運び出すところだった。白い花でかたどった楽器のハープの形や大きな十字架のイグサなどたくさんの花環飾りがあった。

教会からイグサ飾りを持ち出す

私たちは教会の中に入り、最前列の祭壇の前に行く。パンフレット類を並べている人がいた。その人にこの祭りのことを尋ねると、一枚のファイルを見せて「これがイグサ献納のストーリーだ」と教えてくれた。そのパンフレットを渡しながら、壁を指さした。壁画には大きないぐさ献納祭の様子が描かれている。

ストーリーだというのだから、物語的な内容があるのだろう。左側に大人がハープ型の飾りとイグサの束を持ち、その後に子どもたちがイグサや花環を手に行進する姿、中央に飾り物を置いて勢揃いした図、右側に飾り物を壁に掛ける様子が描かれている。この構図はイグサを集めて教会に献納するまでの過程を表すの

セント・メアリーズ教会の壁画

だろう。説明板に、一九四四年にゴードン・ランサムが描いたとある。

絵はがきを三枚買って外に出た。花環やイグサの十字架など大小の花飾りを手に抱えた人たちが次々と加わり、それを乳母車に載せて歩く人もいる。ノースロードから、行列は私たちが泊まったサルテーション・ホテルの前を通ってマーケットプレイス通りに下りていく。チャーチストリートに向かってかなりの下り坂だ。参加者が続々と集まってくる。主催者が行事の説明をし、この行事のための讃美歌をうたう。道いっぱいに参加者が集まった。およそ三百人はいるだろう。小学生くらいの子どもがその半分を占める。マーケット・ホールの古い建物の前

シルバー・ムーン前で行進を待つ行列

にブラスバンドの一団が来て行進を始めた。そこからまた教会に向かって行列は続く。この大集団は教会の中に入っていく。私たちも席に座るように言われる。また讃美歌をうたい、牧師が説教をする。行進が三十分、教会で四十分、午後三時四十分に行事は終わった。

子どもから外に出ていく。外ではショウガ味のパンが配られていた。私たちもいただく。歩き疲れていたので、とてもおいしい。妻が花の造り物はどうするのかと聞いたところ、来週の木曜日まで、教会に飾っておくのだという。そうしないで、家に持ち帰る子どももいる。

花々に満ち溢れた、静かな祭りを見られてとても満足した気分になった。

マーケット・ホール前の行列と横断幕

グラニー・スミッツの店の前の大行列

教会に飾られたイグサ飾り

ライダルマウントに行く

前に来た時に見なかったアーミット・ギャラリー博物館に行くが、すぐに出て、北に十分ほど走ったところにあるライダルマウントに行く。詩人ワーズワースが晩年、自ら設計して住んだ家と庭がある。家族で来た時のことが思い出されて、懐かしい。五時に閉まるのでもう時間がないと言われ、外観だけ見て、ダブ・コテージに行く。教会でワーズワースの墓を見て、またダブ・コテージまで歩く。前に来た時に見たはずなのに、この白い家の印象がない。すぐ近くに博物館ができて、ずいぶん整備された感じだ。

ニア・ソーリー村のB&B、ハイ・グリーン・ゲート・ゲスト・ハウス

再び、ニア・ソーリー村へ

ピーター・ラビットの生みの親、ベアトリクス・ポターが住んだニア・ソーリー村には、十一年前に子どもたちと来て、ピーターラビットの物語の舞台を見て感動した。ヒル・トップの家は台所からうさぎのピーターが出てくるような錯覚にとらわれた。家の前の庭も花盛りだった。妻は丘の下に二階建ての白い小さなB&Bを見つけて、ここにもう一度来てみたいと言っていたのだ。

昨日、その願いが叶ったというわけだ。白い建物や花が咲く庭も、前に広がる牧草地も、そのままだった。ここのスコーンはおいしいことで有名だった。昨日来た時は、ちょうどお昼時だったので、念

牧草地に生えるイグサ

願のスコーンと紅茶を注文し、ゆっくりとピーターラビットの風景を眺めながら、スコーンの味を楽しんだ。ちょうど二階の部屋が空いているというので、運よく予約ができたのだった。

アンブルサイドからニア・ソーリー村のB&Bに帰ってきて、午後七時に夕食をとった。ベーコンがおいしい。隣の席のイギリス人女性が話しかけてきた。自分はこの近くの出身だが、いまはロンドン郊外のセント・オーバンスに住んでいるという。最後に、ソーリーパイなるものが出てきた。「ポターの食事」という本にレシピが紹介されていると隣の女性が教えてくれた。

食後、近くの湖まで歩く。今日、いぐ

さ祭りを見ていて、イグサはどこにあるのかと不思議に思っていた。それがなんと、湖のまわりの牧草地にたくさん生えているのを見つけた。これなら教会の床に敷くのに苦労せずに採集できるわけだと納得する。

七月三日（日）、ニア・ソーリー村の朝の風景は気持ちがいい。朝食のソーセージは自家製かと思うほどうまかった。ヒル・トップの家はオープンまで一時間待つというので断念し、グラスミアに行く。『イギリス祭事・民俗事典』に、ワーズワースや批評家のラスキンがグラスミアのいぐさ祭りに強い関心を寄せていたという記述があり、それを確かめてみたかったからだ。

今年（二〇〇五年）の四月にオープンしたばかりのワーズワース博物館に入る。受付に日本人のガイドがいたので、そのことを質問した。彼女は近くのイギリス人スタッフに聞いてくれたが、作品にそのような箇所はないとの返答だった。後で妹のドロシーの日記に触れているのではないかと思ったが、そこまでは確かめようがなかった。

ウォーコップのいぐさ献納祭

グラスミアから直線距離で四十キロ余り離れたウォーコップに向かう。そこのいぐさ祭りは六月二十九日に終っているが、十三世紀に建てられた教会にはイグサの十字飾りが一年中吊されていると『イギリス祭事・民俗事典』に書いてある。それほど遠くないので、どうしても立ち寄りたいと思った。

町外れに赤茶けた古い教会があった。蔦《つた》の輪はかけられているが、イグサはない。別の教会だろうと思って、町の中を探したが、それらしき建物は見当たらない。もとの教会に戻り、隣の学校でファンデーの行事をやっている女性にいぐさ祭りのことを聞いてみる。すると、それは二十九日に終ったばかりで、教会の蔦の輪は昨日の結婚式のものだという。女性はデジタルカメラで撮ったいぐさ祭りの映像を見せてくれた。そこには七、八人の子どもたちが十字に束ねたイグサ飾りを持って行進する姿が写っていた。アンブルサイドの行事とあまり変わらない。ウォーコップの教会にはイグサを飾る習慣はもう残っていないのだ。それがわかっただけでもよかったと思いながら、ワートンに向かった。

ワートンのかがり火祭り

ワートンへは、ハドリアヌスの城壁に沿って東海岸へ向かって行く感じだ。手前のどこかいいB&Bで泊まろうと思いながら車を走らせた。ハルトウィッスルの町に入り、側道に入って偶然見つけたB&Bがアッシュクロフト・ゲスト・ハウスだった。一人三〇ポンド（約五〇〇〇円）と比較的安かったので、飛び込みでここに決めた。部屋の窓から下り斜面の庭が見えた。色とりどりの花が咲き乱れている。花々を見ながら庭の小径を散策する。食事もいいし、部屋もとても気持ちよく、大満足。もう一度ぜひ来てみたいと思うくらいだった。

七月四日（月）、花々の庭を振り返りながらB&Bを出発し、ニューキャッスルの北西、約二十キロのワートンに向かう。途中、ハルトウィッスルから七キロほど行ったところに、ヴィンドランダというローマ軍の住居跡がある。ローマ皇帝ハドリアヌス時代の紀元後百年頃に造営された町の遺跡だ。全長百キロを超えるハドリアヌス城壁の東端にあたる。北方民族の侵攻から守るためのものだが、石造り技術にすぐれたローマ人の歴史を刻んでいる。

ワートンには昼頃に着く。石造りの大きな家が目立つ、裕福な村という印象だ。大通りの中心にザ・ベレスフォード・アームズの看板と広場がある。蔦が這う石造りの建物はレストランとホテルで、隣の長い建物は小学校のようだ。芝生の上に、「もっとも美しい小さな村」の石碑を見つけた。この地はノーザンバーランド州に属するが、二〇〇二年に州の中から選定されたものらしい。今日の祭りの予定も聞きたかったので、蔦の店で昼食。店の人の話では、この庭で火を焚いて子どもたちがダンスをし、モリスダンスも来るという。午後七時から八時に行われることを確かめて外に出る。

マナーハウスの広大な土地と長い石壁の道を歩いて古い教会に行く。セント・メアリー・マグダレン教会と書いてある。四角の塔には青い時計がはめ込まれ、まわりの芝生には墓石が並んでいる。敷地は小学校に隣接しているが、校庭は月曜日なのに静かだ。

まだ時間があるので、七キロほど離れたモーペスの町の案内所までかがり火祭りの資料を探しに行く。そこでかがり火祭りのことを聞いたところ、行事は知っているが、見たことがないし、パンフレットもないとそっけない。仕方なく、ノーザンバーランド・チェック（白と黒）のマフラーと絵はがきを買う。二階はバグパイプ博物館になっている。

またワートンに戻って六時半にレストラン前の広場に行くと、二つの長机に飲み物、クッキーなどを並べて出店を準備している。子どもたちが芝生ではしゃぎ回り、乳母車を押す大人たちが集まってきている。

芝生には材木が二メートルほどの高さに積まれている。どうもこれがかがり火の薪らしい。思いの外小さく、迫力がない。七時前にかっぷくのいい小学校の先生と思われる女性が、子どもたちに「集まれ」というような号令をかける。子どもたちは二列に並び、アコーディオンの演奏に合わせて薪のまわりで踊り始める。二人で手をつないで、フォークダンスの行進という様子だ。

それが終わると、子どもたちは四方に散って自分の母親とか父親を連れてきて、薪のま

かがり火の木組み

手をつないで踊り始める

かがり火が燃え上がる

わりでダンスを始める。子どもだけでざっと百人、大人を合わせると約二百人の大きな円になった。芝生からはみ出すほどになり、先頭の先生は道路の方に先導していく。車道はもう車が通れない。子どもと大人の踊りは終わり、ちょうど七時に薪に点火された。風にあおられて勢いよく燃え上がる。

広場で待機していたモリスダンスのチームが道路に出て踊り始めた。最初は女性チームの十六人で、次に男性の六人とアコーディオン一人。ハンカチを持って踊ったり、棒に持ち替えて打ち鳴らしたりする。驚いたことに、三、四歳の男の子が足に鈴をつけ、黒の帽子をかぶって大人たちの踊りに合わせて見事なステッ

モリスダンスの男性チーム

モリスダンスの女性チーム

白い布を持って踊る幼児

見事なステップを踏む女の子

プを見せるではないか。幼少の時にすでに踊りのリズムを身につけていることに感心する。女性チームが踊っているあいだは七、八歳の女の子が大人に混じって堂々とステップを踏む。それを十数人の子どもがじっと見ている。モリスダンスの底辺は広いと感じる。

焚火は三十分もすると衰えてきて、薪を加える。私はずっとビデオカメラを回していた。日本人は私と妻だけだ。私たちが気になったのか、男のモリスダンサーが、日本には五年前に行ったことがあると話しかけてきた。ここには毎年来て踊るという。近くのヘキサムのチームで、コッツウォルズ流の踊り方なのだそうだ。「自分たちはこのダンスを好きでやっているが、イギリス人はばかみたいだと思っている。私自身、ばかみたいだけどね」と、頭を指して笑った。

ダンスはまだ続いている。ふと歩道を見ると、五歳くらいの女の子が踊りをまねしている。自然に体が動いている。イギリスの紳士・淑女はこの伝統行事を眉をひそめて軽蔑するらしいが、どっこい、田舎には小さな担い手がしっかりと育っている。横目で見られようが、軽んじられようが、伝統文化はそれが好きな人々によって継承されていく。それらはイギリスの田舎に欠かせない風景となっている。『夏の夜の夢』をはじめ、シェークスピア劇にも夏の祝祭が少なからず投影していることからもわかるように、イギリスの庶民文化として根強く支持されてきたのだ。

時間通り、午後八時に踊りの行事は終わった。若い男女が残り火の上を飛び跳ねる場面はなかった。古来の祭りの姿からは変わっている。やや早い時刻の終了も、多くの子どもが参加するからだろう。かがり火はすっかり燃え尽きていた。それでも、これだけたくさんの人々が参加して祭りを続けていることに、私は満たされる思いがした。

明朝、日本に帰国する私たちは、一路、車でヒースロー空港に向かった。

第五章　ウェールズでの結婚式

パリから結婚式の招待状が届く

二〇〇六年四月二十五日に一通の航空郵便が来た。パリからで十八センチ四方のカードのような封筒だった。パリで勤務しているジョンからである。それがなんと、結婚式の招待状だった。私たちはびっくり仰天。それも彼の故郷であるウェールズでするというのだ。日取りは八月十九日の土曜日、正午よりスランドリソ（Llandrillo）の聖トリソ教会で挙式、レセプションはタイザン・スラン（Tyddyn Llan）で、とある。早速、地図で場所を探すとスランドリソは北ウェールズにある。カーディフやスランウルティッド、ヘイ・オン・ワイなど南・中部ウェールズまでしか行ったことがなかったので、これは知らないイギリスを見るチャンスと思った。そして何より、あのジョンが結婚式に招待してくれたというのがうれしかった。

ジョンと私たち家族との交流

ジョナサン・エリオット君は私にとって大切な友人であり、私たち家族の力強い味方だった。私たちは親しみをこめて彼のことをジョンと呼んでいた。彼との出会いは、私が一九九四年四月から一年間、ロンドン大学東洋アフリカ学院（ＳＯＡＳ）の客員研究員として、家族でロンドンに暮らした時にさかのぼる。その頃彼はケンブリッジ大学を卒業し、ＳＯＡＳで日本語の研修を受けていた。彼は日本語、私は英語を学びたいというニーズが合致して、毎週二、三回勉強会をすることにした。彼はいつも時間を守る律儀な青年だった。スポーツと文化に関心をもち、ユーモアももち合わせていた。大学時代にクリケットやラグビーの選手でもあった（第一部第一章参照）。

ジョンと私の相互レッスンは五月から始まった。一回目が終わった後、昼食に誘ったら、彼はすぐに電話をして「予約しました。服装はそれでいいです」という。私がジーンズにスニーカーを履いていたので、服装を店に確認したのだった。彼の行動の早さと周到さに、信頼できる人だと直感した。

ジョンが案内したのはイギリスの伝統料理のレストランで、コヴェントガーデンにあるルールズという店だった。ゲーム（野鳥）料理が主だが、その日は魚料理を食べた。前菜にアイルランド産のカキが出て、メインディッシュはホーレンソウの上に熱いサーモン・ケーキを載せたものだった。それをざっくりと切り崩し、甘いソースを混ぜ合わせて、ワインを飲みながら食べる。ジョン推奨の食べ方である。とてもおいしい。最後にプディングが出てきた。ジョンいわく、プディングはイギリスの家庭の味で、自分の母が作るプディングが世界一おいしいと。このひと言で、イギリスの食文化にあるもっとも大事な部分がわかった気がした。それはきっと、フィッシュ・アンド・チップス（ジャガイモのスティックと白身魚を油で揚げたファスト・フード）とは違う、イギリスの食のアイデンティティなのだろう。

イギリス料理を堪能した私は、この後、とても大事なイギリスの流儀を知ることになる。

Bill, Please.

彼はビル（請求書）を受け取ると、四六ポンド六〇ペンス（約六五〇〇円）の請求額にチップを三ポンド四〇ペンス加えて、合計の欄に五〇ポンドの数字を書き入れ、カードと一緒にウエーターに渡した。チップは一〇パーセントなどという決まりはない。その時の気持ちを表し、すっきりした数字になればよいのだ。ジョンから学んだ社会ルールは、その後のイギリス生活や海外旅行で大いに役立った。

私はひと通りイギリスの観光地を見てしまうと、田舎祭りを通して生活文化に触れてみたいと強く思うようになった。私の専門分野の一つが日本民俗学ということもある。イギリス生活に慣れてきた七月頃から地方の村祭りを見に出かけ始めた。八月には夏休みを利用して、家族でスコットランドまで行き、帰りは湖水地方を回ってくる計画を立てた。車で行けるのか不安だったので、ジョンに相談すると、ピカデリー・サーカスにあるブリティッシュ・トラベルセンターに私を連れて行き、コースから宿泊するＢ＆Ｂの予約まで、たちどころに解決してくれた。田舎に祭りを見に行く時、こうすればよいということを学んだ。

子どもたちがサマースクールやホームステイ、ボランティア活動に行く時にも相談にのってくれた。時には受け入れ先に電話をしてくれた。ジョンが説明すると子どもたちは納得し安心した。私たちにとって彼は力強い味方だった。

九月にジョンは日本のイギリス大使館に赴任していった。私たち二人のイギリスでの相互レッスンは終わった。別れの時、彼は二つのことを言った。一つ目は、日本語研修コースでうまくいかなくなっている時、先生と知り合って日本語に自信がつき、試験もベストを尽くすことができたという感謝、二つ目は、日本に行ったら日本語の手紙を書くから、先生は英語の手紙を書いてお互いにチェックしようという提案である。ジョンには私たちこそ感謝しているし、提案にはすぐ賛成した。

翌年の四月に私たちは日本に帰った。ジョンが私をバービカン・シアターのシェークスピア劇に誘ってくれたように、今度は私が彼を歌舞伎に招待した。ラグビー観戦にも誘った。私が勤める明治大学と世界最強のイングランドとの親善試合だった。もちろん大差でイングランドが勝った。ところが、ジョンはグッド・タックルと明治に声援を送るのだ。私への気遣いかと思ったが、ジョンは厳しい顔でこう言った。

自分はイングランドでなく、明治に勝ってほしかった。自分はウェリッシュだ。イングランドのもとで働くのは好きではない。

私はイギリス人と、ひとくくりにできない感情があることを知った。ウェールズ人にはイングランドにわだかまりをもつ人がいるということを。これはスコットランド人でも同じだろう。イングランドによる征服と支配の歴史からくるものと頭では理解はしていたが、実感したのは初めてだった。

三年後、ジョンはロンドンに戻り、数カ国を転勤した。結婚式の招待状は勤務先のパリから届いたというわけだ。

ウェールズで行われたジョンの結婚式

こうして、私たちはまたイギリスに向かったのだった。今度はウェールズの北の地に。八月十八日午後三時二十五分、ヒースロー空港に到着。レンタカーで空港を出発したのは午後五時になっていた。高速道路M40で北上し、バーミンガム手前からM54で西に向かう。この辺りから渋滞に巻き込まれた。北ウェールズにさしかかったところで、まったく動かない。普通なら三十分くらいで行くところを結局三時間以上かかり、ようやく渋滞を脱出する。もう夜の十時半、テルホードという町で、今夜泊まるB&Bに電話する。そこからさらに北西に行き、途中でまた電話。結局、宿の主人に迎えに来てもらい、ようやく宿にたどり着いた。真夜中の十二時二十分だった。宿はバラ湖のほとり、丘(ブリンBryn)に建つブリン・テジッド・カントリー・ハウス。

翌朝、バラ湖に面したすばらしい眺めの部屋だと気づく。ただ、天気は悪く、あいにく雨が降り出していた。午前十一時二十分に宿を出る。同じ宿にジョンの大学時代の友人夫妻がいて、彼らの車の後をついて教会に行く。日本にいる時、服装についてジョンに相談した。ジョンは正装のキルトを着るという。「居駒先生もそうしますか」と冗談を言ったが、結局黒の平服でよいということになった。妻は、ジョンが正装のキルトなら、私ぐらいは日本の正装にしなくてはと、日本から着物を持っていった。

聖トリソ教会での結婚式

　教会にはキルトの男たちがジョンを含めて七、八人いる。ジョンは青色が主体のきれいなキルトを着ていた。花嫁はスコットランド系のマックの姓をもつミーガンという女性で、純白のドレスがよく似合う理知的な美人。すばらしいカップルだ。ジョンの父親は優しそうな顔で、黒の礼

ジョンは正装のキルト姿、久しぶりの再会

服に、ジョンと同じキルトの柄の腹帯をしていた。ミーガンの父親は長身でキルトの正装、赤系だ。ジョンが近づいてきて、「よく来てくれました。うれしいです」と声をかけてきた。妻の着物姿を見て、「本当に着物を着てくれたんですね。ありがとうございます。すばらしいです」と声を弾ませた。

式が始まった。ジョンはベストマン（花婿付添人）のイアン（ジョンの後任で、日本の英国大使館に勤務）と祭壇横にいる。キルトを着た夫妻、ジョンのご両親、小さな子どもたちと続き、最後に花嫁が父親と腕を組んで入場する。女性司教の導きで、ジョンと祭壇の前

レセプション会場の
タイザン・ホール

着物が珍しいと話しかけてくる

両家のチェックのマフラーで二人の手を結ぶ

で誓いの言葉、指輪交換、親しい人たちが前に出て署名し、最後に合唱をして、参列者は退場。一時間ほどで終わった。出口のところで、参列者が二列になり、紫のバラの花吹雪で二人を送り出す。

その後、車ですぐ近くのタイザン・ホールに移動。二間の広い部屋のホールで、芝生の広い庭がある。ホールにはテーブルが六つあって、私たちはザ・ブレコム・ビーコムズ（南ウェールズの国立公園）というテーブルだ。私たちと同宿だったジョンの大学時代の友人夫妻、ジョンが日本の英国大使館にいた時に知り合ったという髭のビジネスマン夫妻、ジョンの高校時代の先生で、神戸で英語の先生をしていたという年配の女性、ジョンの友人のご両親など、日本関係者のテーブルだった。日本人は私たち二人だけだったが、妻の着物姿は大変珍しがられ、いろいろな人がすばらしいと話しかけてくる。

ベストマンを務めるイアンがあいさつし、食事が運ばれてくる。伝統的なウェールズ料理で、ウェリッシュラムの香草焼きやウェリッシュプリンなどが出た。おいしかった。五時過ぎ、スピーチが始まる。花嫁の姉やジョンの関係者が四、五人話した。みんな話を聞きながらよく笑う。ジョンがやってきて話をしたり、花嫁のミーガンも妻と一緒に写真をぜひ撮りたいと言ってきたり、和やかで自由な雰囲気だ。ジョンもあいさつをし、日本とアフリカ（ジョンはフランスの前はウガンダで勤務した）からも来てくれたと言ってくれる。

午後六時ごろ、両家のチェックのマフラーで二人の手を結び付ける儀式。新郎新婦と両家の絆を深く結ぶ印象的な儀式があることをこの時初めて知った。そのあと、ケーキカット。それが終わると一段落らしく、写真を撮ったり、外に出たりして時間を過ごす。七時頃からバンドが音楽を演奏し、ダンスが始まる。狭い部屋にいっぱいになって踊る。

私と妻は外に出て、ホールのまわりを歩いた。庭に池があり、睡蓮が咲いていることも初めてわかった。妻は何人かに一緒に写真を、と頼まれている。着物は大注目で、引っ張りだこ。八時過ぎ、チーズとパンが出る。九時頃みな外に出て、ジョンとミーガンが来るのを待ち、九時二十分、着替えた彼らが車に乗って新婚旅行に出発するのを送り出す。ジョンが秘密ですと言って教えてくれた。カリブ海に一週間行くのだという。ようやくすべてが終わり、夜の十時過ぎに暗い中を宿まで帰った。また、道に迷いながら。

その後、ジョンはビジネスマンに転身し、アフリカのタンザニアに移り住んでいますという二〇一二年五月のメールを最後に音信が途絶えたが、二〇一九年二月、女の子が生まれましたというメールが画像とともに一斉配信で送られてきた。しかしその後はまた連絡が取れず、居所もわからず、メール交換をほとんどあきらめかけていた。妻はそれでも何とか連絡をしたいと、古い手帳からやっと住所を探し出し、娘に添削してもらい、去年（二〇二〇年）の年末に、祈るような気持ちでウェールズの実家に手紙を出した。すると、今年一月八日に、ついにジョンからメールが届いたのだ。彼はロンドンの北西に住んでいた。お互いに写真を添付して送り、結婚式以来の再会を喜び合い、さらに電話で懐かしい声を聞くこともできた。ジョンいわく、Janglish で。ジョンはまだ日本語を忘れてはいなかった。私たちは相変わらずほとんど英語では話せなかったけれど。

こうしてようやく、この章の写真使用の了解も得られ、本の出版をするというジョンとの約束も果たせた。再び、ジョンとの交流ができる。今年最初で最大の朗報である。

あとがき

振り返ってみると、北はスコットランド、西はウェールズ、南は海岸近くまで、とにかくよく回ったものだと、我ながら感心する。採訪したのは第一部が一九九四年七月～翌年二月、第二部第四章までが二〇〇五年四月～七月、第二部第五章が二〇〇六年八月、そして第一部第五章「追記」の二〇一七年十月も加えると、四回に及ぶ。車の走行距離は何マイルかわからないが、少なくとも第一部第四章のスクーンに行った夏の旅行だけで、一一八八マイル（約一九〇〇キロメートル）になる。一九九四年四月から一年間乗った車が帰国直前の旅で故障して動かなくなったくらいだ。赤色の中古のトヨタカローラ（口絵写真）だったが、本当によく働いてくれた。

採訪には妻と私の二人で行くことが多かったが、家族一緒の場合や私ひとりの時もあった。同じ場所に複数回行ったり、時には子どもたちも加わった（巻き込んだ）ことで、思い出深い話や様々な物語も生まれた。その最たるものが「火だるまの男」から逃げ惑う話（第一部第七章）や二十三年の時を隔てたアボッツ・ブロムリーの人々との交流という物語

（第一部第五章「追記」）だ。第一部第六章では次女が通った小学校での出来事を書いた。私ひとりだったら、エピソードや物語を加えた「祭り紀行」はとても書けなかっただろう。

＊　＊　＊

「はじめに」に述べたように、ほとんど知られていないイギリスの田舎祭りを気軽に読んでいただくつもりで書いた。でも、研究者魂というのか、所どころで考証癖が頭をもたげる。私の視線の奥には日英の民俗文化の比較という課題があった。本書に触れているが、大きな三つのテーマが見つかった。第一は「かがり火」やヤドリギに痕跡を残す太陽の再生復活、第二は「森の花」に見られる森の生命力と豊穣予祝、第三はヤドリギやメイ・ポール（五月の木）に象徴される樹木崇拝である。これらの神話的幻想は日本の古代神話を読み解く上でも参考になると思った。

誤解のないように申し述べるが、いつもこんな学術的なことを考えながら祭りを見ていたわけではない。基本はイギリスの田舎祭りを楽しむという気持ちである。どこでも日本人の見学者は私たちだけだったが、地元の人たちはいつもやさしく接してくれた。質問をすると、早口でたくさん説明してくれる。

Sorry, My English is not so good.

話に追いつけない私に対して、「気にしないで。あなたは英語で聞くけど、私は日本語がまったく話せないのだから」と言ってくれる。この言い方に込められた、相手を思いやる感覚は洗練されている。

田舎祭りを見て感じたことは、古くから続いてきたことへのイギリスの人々の尊敬と信頼である。イギリス社会には古き伝統に価値を見出す精神があるが、それとつながっているのだと思う。そこに深く関わらないという立場も許容するが、全体として祭りという古き伝統は尊重するのである。

＊　＊　＊

「私、これから執筆生活に入ります」と、昨年四月、妻はコロナ禍に立ち向かうように言った。私が帰国する年の一九九五年一月から四年間に雑誌などに連載した「イギリス祭り紀行」の文章を読み直してパソコンに打ち始めたのだ。十年ほど前に出版する話があったのだが、二〇〇五年の第二部を付け加えてと言っているうちに、私が『古事記』の歌の注釈という無謀にして過酷な作業を始めたものだから、出版の話は頓挫していた。妻はそれに業を煮やして「執筆」を始めたというわけだ。お陰で十月には第一部の十章の原稿が完成した。しばらくして私の過酷な注釈作業も完結し、年末年始に第二部を書き終えた。妻の「執筆」が本書上梓にあたって最大の功績である。

本作りではいつも様々なエピソードが生まれる。今回はそれが電話でのジョンとの「再会」だった。会話をするのは二〇〇六年八月の結婚式（第二部第五章）以来、十五年ぶりだった。私たち家族のイギリス生活をサポートし、イギリスのことを奥深くまで教えてくれたのはジョンである。本書出版の前に、再び話ができたことに運命的なものさえ感じる。この本がジョンとの「再会（会話）」を取り持ってくれたのだ。これからも私たち家族とジョンの家族との交流は続くだろう。

最後に、本書に写真の掲載を許可してくださったテート・ブリテンのご厚意に心より感謝したい。

本書の出版に際しては、冨山房インターナショナルの坂本喜杏社長が「先生の思い通りに書いてください」と根気強く励ましてくださった。編集の新井正光さんとともにお礼申し上げたい。

なお、本書の第一部は明治大学の在外研究、第二部は特別研究の成果の一つである。研究の機会を与えてくれた明治大学、お世話になった経営学部の同僚にささやかながら恩返しになれば幸いである。

令和三年立春　コロナ禍で巣ごもりする雪深い山形の茅屋にて　　著者　識

居駒永幸（いこま ながゆき）
1951年、山形県生まれ。1979年、國學院大學大学院文学研究科博士後期課程満期退学。2021年３月、定年により明治大学教授を退任。博士（文学）。専攻、日本古代文学・日本民俗学。
論文：（ヨーロッパ関係）「ディアナの鏡―東西の水の女神をめぐって―」（『明治大学経営学部人文科学論集』46、2000年）ほか。
著書：『古代の歌と叙事文芸史』（2003年、笠間書院、第20回志田延義賞受賞）、『東北文芸のフォークロア』（2006年、みちのく書房）、『日本書紀［歌］全注釈』（2008年、笠間書院、共編著）、『古典にみる日本人の生と死 いのちへの旅』（2013年、笠間書院、共著）、『歌の原初へ 宮古島狩俣の神歌と神話』（2014年、おうふう、第21回連合駿台会学術賞受賞）、『古代歌謡とはなにか 読むための方法論』（2015年、笠間書院、共編著）、『日本人の魂の古層』（2016年、明治大学出版会、共著）ほか。

イギリス祭り紀行

2021年４月20日 第１刷発行

著 者 居 駒 永 幸
発行者 坂 本 喜 杏
発行所 株式会社冨山房インターナショナル
〒101-0051
東京都千代田区神田神保町1-3
TEL 03(3291)2578
FAX 03(3219)4866
URL:www.fuzambo-intl.com

印 刷 株式会社 冨山房インターナショナル
製 本 加藤製本株式会社

ISBN 978-4-86600-092-3 C0026